HEYNE <

Herbert Feuerstein

FEUERSTEINs DRITTES

*Reisen nach
Thailand, Birma, New York
und ins Eismeer*

WILHELM HEYNE VERLAG
MÜNCHEN

Fotos:
Godehard Wolpers und Herbert Feuerstein

(Der Titel erschien bereits als
Diana Taschenbuch mit der
ISBN-Nr. 3-453-87961-9.)

Originalausgabe 07/2004
Copyright © by Herbert Feuerstein
Copyright © dieser Ausgabe 2005
by Wilhelm Heyne Verlag, München,
in der Verlagsgruppe Random House GmbH
Printed in Germany 2005

Umschlagfoto: Godehard Wolpers
Umschlagillustration: Hauptmann und Kampa
Werbeagentur, München – Zürich
Satz: Datentechnik, Wels
Druck und Bindung: RMO, München
Gedruckt auf chlor- und säurefreiem Papier

ISBN 3-453-40150-6

http://www.heyne.de

Inhalt

Vorwort 7

DAS LOGBUCH EINER KREUZFAHRT INS EISMEER 13

THAILAND 85

Das Grauen lebt 87
Beichte (könnte aber auch eine Lüge sein) 101
Schlaraffenland, freihändig 110
Besuch beim König 117
Von den billigen Schneidern, teuren Hüten
   und falschen Mönchen 129
Abschied vom dummen Huhn 144

EINE FLUSSFAHRT IN BIRMA 155

Mjönma oder so ähnlich 157
Warum eine Badewanne kein Schiff ist 165
Flügel der Nacht 177

NEW YORK 185

Malen mit Herz (und Nieren) 187
Meine Stadt, mein Auto, mein Haus, mein Buch ... 197
Charlie lacht, Jesus hilft 211
King Kongs Rückkehr 220
Unheimat 229

VORWORT

Dieses Buch hat eine Verspätung von fünfzehn Monaten. Das ist mehr als Bahn UND Lufthansa zusammen, und es ist mir ziemlich peinlich, denn eigentlich bin ich recht zuverlässig. Aber was kann ich dafür, wenn der Verlag Pleite geht?

Im Frühjahr 2000 war das erste Buch dieser Reihe erschienen, *Feuersteins Reisen*. Weil viele Verlage bereit sind, von uns Fernsehmenschen den größten Schrott zu akzeptieren, im Bewusstsein, dass es ja schließlich die *BILD-Zeitung* gibt, wo man zur Not ein Nacktfoto des Autors unterbringen kann, hatte ich noch vor dem Schreiben der ersten Zeile mit dem einen oder anderen Kontakt aufgenommen, wie man das eben so macht. Aber das Ergebnis war unbefriedigend, denn sie alle wollten dreinreden: Umfang, Aufmachung, Bildverteilung, Zielpublikum, Marketingstrategie und weiß der Teufel was sonst noch. Wer wie ich zwanzig Jahre lang selbst mit Zeitschriften und Büchern zu tun hatte, kann mit solchen Vorgaben nicht umgehen: Ich hatte nun mal eine ganz bestimmte Vorstellung für mein Buch und bin schrecklich stur und unbeweglich, wenn ich mir was in den Kopf gesetzt habe.

Da fiel mir Gerd Haffmans ein, den ich noch von früher kannte und dessen kleiner Verlag in Zürich ein ebenso feines wie verspieltes Programm hatte. Wenn man in den besseren Buchhandlungen nach seinen Titeln fragte, trat gewöhnlich ein Leuchten in die Augen der Verkäufer. »Er macht so wunderschöne Bücher«, bekam man dann immer zu hören, »schade, dass wir kaum eins davon verkaufen.« Da war mir klar: Das ist mein Mann.

Ich traf mich mit Gerd Haffmans, und wir waren sofort einig: JA, er würde das Buch genau so machen, wie ich es wollte, und NEIN, er könne leider keinen Vorschuss zahlen. Das war mir recht, denn so sehr ich sonst hinter der Kohle her bin: Beim Schreiben bin ich Idealist. Keine andere Arbeit nehme ich so ernst, ich quäle mich richtig damit ab, und es mag abgegriffen und pathetisch klingen, aber ich meine es ehrlich: Ein Buch ist für mich wie ein Akt der Fortpflanzung. Dafür kriegt man auch keinen Vorschuss. Aber viel Ärger bei schlechter Planung.

Die Premiere in Hamburg war mager, und das kalte Buffet für den Presseempfang zahlte ich selbst, was aber kein Problem war, weil kaum jemand kam. Ich überlegte bereits, in welcher Pose ich auf dem Nacktfoto der *BILD-Zeitung* die beste Wirkung erzielen würde, doch dank wohlwollender Kritiken und einer Kette von Lesungen ging es zügig voran: Bereits im Erscheinungsjahr war eine Zweitauflage nötig, was mich so anspornte, dass der Nachfolgeband, *Feuersteins Ersatzbuch*, schon im Sommer 2001 auf dem Markt war. Natürlich wieder ohne Vorschuss. Aber auch ohne Nachschuss, weder für das erste Buch noch fürs zweite, und als tatsächlich mal ein Scheck kam, schickte ich den gleich wieder zurück, weil mir Gerd Haffmans so Leid tat, als er mir am Telefon von seinen Finanzproblemen erzählte.

Vier Monate später meldete er Konkurs an.

Ich kann ihm nicht böse sein. Er war ein genialer Visionär, zugleich ein weltfremder Illusionist. Er hatte den Riecher für interessante Bücher, aber zwei linke Hände fürs Geschäft. Manchen Autoren und Übersetzern, die existenziell von ihren Büchern abhängig waren, hat er übel mitgespielt, vor allem in der Schlussphase, als die Katastrophe längst absehbar war. Immer aberwitzigere Hoffnungsanker warf er aus und klammerte sich verzweifelt daran fest, immer breiter wurde der Sog der Abwärtsspirale, ganz knapp schrammte er am Rand des Betruges entlang.

Was aber für ihn spricht: Wir alle wussten um seine angespannte Lage. Und er hat nie einen persönlichen Vorteil daraus gezogen, keine verschobenen Millionen in Rio, keine an den Gläubigern heimlich vorbeigebaute Luxusvilla auf den Bahamas, und auch die Bahncard nur für die zweite Klasse. Es tat richtig weh, ihm in den Tagen vor dem Absturz zu begegnen. Zwar funkelte aus seinen Augen immer noch die ungestillte Lust am Büchermachen, aber auf seinen Schultern lasteten Millionenschulden. Und so hockte er mit hängenden Armen und der trüben Miene eines Basset-Hunds da, voll Angst, dass man ihn etwas fragen könnte, bei dessen Antwort er lügen müsste, aber zugleich voll Hoffnung, dass man ihn trotzdem liebt.

Ich liebe ihn trotzdem, denn er war ein Verleger nach meinem Geschmack. Er zelebrierte jedes seiner Bücher bis hin zu einem geradezu rührenden Ritual: Wenn ein neues herausgekommen war, trug er das erste Exemplar den ganzen Tag lang persönlich am Leib. Jede Seite, die man bei ihm ablieferte, kommentierte er mit einem Begeisterungsschwall – bestimmt nicht viel mehr als höfliche Routine, aber Balsam auf den Wunden des Zweifels, die das Schreiben in mir schlägt. Wenn er zu einer Lesung kam, stand er am Ende immer neben dem Büchertisch und starrte jeden Besucher so Mitleid erregend an, dass sich keiner an ihm vorbeiwagte, ohne mindestens ein Buch zu kaufen. Und das Beste: Wenn mir irgendwas nicht passte – und das geschah gar nicht so selten –, konnte ich ihn jederzeit, auch in den frühen Morgenstunden, anrufen und beschimpfen.

Das war über Nacht Vergangenheit, und statt der Lobeshymnen von Gerd Haffmans kamen jetzt seltsame Briefe vom Konkursamt Riesbach-Zürich. Es ging um die Rangordnung der Forderung, um die Frage, nach welchem Landesrecht die Verträge zu beurteilen seien, sowie um den »Kollokationsplan nach Art. 219 des Schweiz. Schuldbetreibungs- und Konkursgesetzes«. Zu gern hätte ich darüber gelacht, da auch mein vierundzwanzigbändiger Brockhaus nicht die geringste Ahnung hat, was »Kollokation« bedeutet, doch dann war der Schreck riesig: Nicht nur würde man wegen der »Nachrangigkeit« der Autorenforderungen niemals Geld für seine Bücher erhalten, auch die Rechte daran wären futsch. Denn man hätte sie ja vertraglich an den Verleger abgetreten, also gehörten sie jetzt zur Konkursmasse, zur freien Verfügung der Amtsherren von Riesbach-Zürich.

Zum Glück endete alles glimpflich: Ich verzichtete feierlich auf jeden Anspruch gegenüber Verlag und Konkursamt und erhielt im Gegenzug die Erklärung, meine Verträge mit Haffmans seien »nichtig, weil unerfüllt«. Ein halbes Jahr hatte der Hickhack gedauert, dann gehörten die Rechte an meinen Büchern endlich wieder mir, und ich konnte mich auf die Suche nach einem neuen Verleger machen.

Im Sommer 2002 lagen *Feuersteins Reisen* und *Feuersteins Ersatzbuch* wieder in den Buchhandlungen, in Inhalt und Form identisch mit ihren Vorgängern, nur dass jetzt nicht mehr *Haffmans* auf dem Umschlag stand, sondern *Diana*, eine Untergruppe des Heyne-Verlags, der wiederum zusammen mit ein paar anderen Häusern zu Bertelsmann gehört ... Ich habe es längst aufgegeben, die Verschachtelungen zu verstehen. Aber ein so riesiges Haus mit so vielen Namen erschien mir als ideale Lösung, aus der Überlegung des gebrannten Kindes heraus: Wenn einer von denen Pleite macht, bleiben ja noch genug andere übrig.

Logisch, dass ich diesem Verlag auch mit dem neuen Buch treu geblieben bin, denn bisher klappt es recht gut: Man macht pünktlich korrekte Abrechnungen, organisiert zuverlässig die Lesungen und zahlt mit echtem Geld. Aber leider gibt es dort niemanden, den ich nachts beschimpfen könnte. Auch nicht tagsüber, zur Bürozeit. Alles nette Menschen, für Teilbereiche zuständig, aber kein Haffmans darunter. Dabei gäbe es so viele klingende Namen in diesem Haus: Random, Bertelsmann, Heyne, Ullstein, List und wie sie alle heißen. Aber keiner davon hat mir je ein Jubelfax geschickt, keiner steht bei den Lesungen in dieser einmaligen Mischung von Kampfhund und Bettler am Büchertisch, und keinen von denen kann ich nachts anrufen und beschimpfen. Nicht mal von Diana habe ich die Telefonnummer, obwohl sie auf jedem Buch vorn auf dem Umschlag hockt.

DAS LOGBUCH
EINER KREUZFAHRT
INS EISMEER

Zwölf Dinge, die ich bisher nicht wusste, aber auf meiner ersten Kreuzfahrt gelernt habe

1.
Für reiche Frauen ist es schwer, in Würde zu altern. Für reiche Männer weniger, weil sie vorher meistens schon tot sind.

2.
Auf dem Schiff wird ununterbrochen gegessen. Aber die Menge, die man vertilgt, ist dennoch erheblich geringer als jene, die man bei Seekrankheit kotzt.

3.
Wenn Sie sich freuen, weil Ihre Kabine 110^2 groß ist, freuen Sie sich zu früh, denn das sind Quadratfuß. Elf Quadratfuß ergeben einen Quadratmeter.

4.
Wenn man auf dem Schiff spazieren geht, kommt man unweigerlich wieder dort an, wo man losgegangen ist. Jetzt verstehe ich, warum Tiere in Gefangenschaft nicht hin und her gehen, sondern immer im Kreis laufen.

5.
Wenn man seekrank wird, darf man das niemandem sagen. Denn sonst bekommt man so viele Heilmittel angeboten, dass man sich zusätzlich auch noch vergiftet.

6.
Auch auf einem kleinen Kreuzfahrtschiff muss man sich präzise verabreden, weil man sich sonst nicht findet. Oft fürchtete meine Frau, ich hätte meine Drohung wahr ge-

macht und wäre über Bord gesprungen. Nach einer Woche hoffte sie es.

7.

Ab Windstärke 4 wird der Außenpool geleert, damit man nicht vom Meerwasser ins Meer geschwappt wird.

8.

Eisbären haben unter ihrem weißen Fell eine schwarze Haut. Aber die sieht man so gut wie nie, weil sich Eisbären nicht rasieren. Und in den seltenen Fällen, in denen man sie tatsächlich sieht, ist man anschließend tot.

9.

Die mathematische Formel für den Service beim Abendessen lautet: $G + K = E^0$ (wenn $K > \frac{G}{2}$). Für Nicht-Mathematiker: Ist die Zahl der Kellner (K) größer als die Hälfte der Gäste (G), wird jeder Gang immer schon abgeräumt, bevor man mit dem Essen (E) fertig ist.

10.

Bei der Kabinenwahl soll man die Schiffsmitte bevorzugen. Vorn und hinten ist der Schaukelhub bei Seegang erheblich größer, und zwar völlig unabhängig vom Kabinenpreis.

11.

Der Luftdruck wird nicht mehr in Millibar gemessen, sondern in Hektopascal, obwohl die Zahlenwerte identisch sind. Warum bloß? Wegen der Muslime, die bereits im Fliegeralphabet »Whisky« für W verboten haben und jetzt auch keine Bar mehr tolerieren wollen?

12.

Es gibt tatsächlich an der Stelle, an der die Sonne untergegangen ist, eine halbe Sekunde später einen grünen Blitz.

LOGBUCH 4. JULI

Hafen Hamburg. 25°, bewölkt; Barometer 1007
Sonnenaufgang 4:58, Sonnenuntergang 21:59

Natürlich, man mimt den Weltmann, den Coolen, den Lässigen, man hat ja alles schon erlebt. Was soll an einer Kreuzfahrt auf einem Luxusdampfer so Besonderes sein?

»Zum Cellpap«, sagte ich deshalb am Hamburger Flughafen locker und selbstverständlich zum Taxifahrer, und meine Frau setzte die gleiche Huch-ist-das-langweilig-Miene auf wie damals, als sie noch Studentin war und zum ersten Mal die Treppe zum Jumbo-Oberdeck hochkletterte. Ich gähnte und tat, als suchte ich was in der Tasche, weil ich sicher war, dass er jetzt gleich in den Rückspiegel schauen würde, um zu sehen, welcher Playboy aus dem Hochadel seine Weltumsegelung antritt, bestimmt schon die dritte in diesem Jahr. Stattdessen fragte er: »WOHIN?«

»Cellpap«, wiederholte ich mit leicht irritiertem Nachdruck, denn ein Hamburger Taxifahrer muss schließlich wissen, wo die Traumschiffe dieser Welt auf die Reichen und Schönen warten. »Nie gehört«, meinte er, aber das läge sicher daran, dass er erst seit 45 Jahren in dieser Gegend Taxi fahre.

»Zum Cellpap-Pier«, beharrte ich und ärgerte mich, weil meine Stimme in solchen Fällen sofort an Festigkeit verliert und weinerlich klingt. »Wir wollen auf ein Schiff.« Ich kramte jetzt tatsächlich in der Tasche und suchte den Umschlag mit den Papieren. Und da stand es: »Boarding: Cellpap-Pier.«

»Ach, zum Schrotthafen wollen Sie«, sagte der Taxifahrer und blickte ausgerechnet in jenem Augenblick in den Rückspiegel, in dem sich unsere Blicke trafen. Er zwinkerte mir kumpelhaft zu und nickte dann anerkennend: »Davon habe ich auch immer geträumt, eine Weltreise auf einem alten Frachter. Dauert bestimmt ein paar Monate und kostet einen Pappenstiel, stimmt's? Na ja, bald bin ich Rentner und dann mach ich das auch.«

Was sollte ich sagen? Dass ich auf einem Nobelcruiser für eine siebzehntägige Kreuzfahrt durchs Eismeer als »Lecturer« engagiert war? Dass ich als Gegenleistung für lumpige drei Lesungen (»von mindestens 45 Minuten«, wie es im Vertrag stand) eine Gratis-Luxusreise bekam, in einer Größenordnung, für die Männer ihren Firmenanteil verkaufen und Frauen ihre Männer beerben müssen? Dass es meine allererste Kreuzfahrt war und ich das Meer ebenso fürchte, wie ich es hasse? Dass aber meine Neugier stärker war als meine Vernunft?

Ich sagte nichts, und meine Frau tat, als wäre sie eingeschlafen, weil es ihr wieder mal peinlich war. Wie schnell man doch vom Playboy zum Schrottsammler wird.

LOGBUCH 5. JULI

Nordsee Kurs NNW. 18°, leicht bewölkt; Barometer 1009 (fallend)
Sonnenaufgang 4:37, Sonnenuntergang 21:43
(Uhr um 1 Stunde auf englische Zeit zurückgestellt)

Um 15 Uhr sind wir gestern an Bord gegangen, und um 15 Uhr werde ich täglich mein Logbuch führen, wenn wir nicht gerade auf Landgang sind, also pünktlich alle 24 Stunden, wie es sich für den Forscher ziemt. Eine magische Uhrzeit für mich, in der die geträumten Sehnsüchte und verwegenen Pläne des frühen Morgens längst vergessen sind und meine Lebensängste durch das Mittagsschläfchen und den anschließenden Tee nur noch die Hälfte wiegen: Ein halber Lebenstag ist ja schon wieder geschafft.

Der Taxifahrer hatte seine Einstufung von uns dann doch noch ändern müssen, als wir nach einiger Irrfahrt im gewaltigen Frachtteil des Hamburger Hafens plötzlich vor einem weißen Traumschiff standen, anmutig und fast ein wenig arrogant inmitten der Seelenverkäufer und Container-Gebirge. Bei einer kompletten Neubeladung und Reinigung zwischen längeren Kreuzfahrten wolle man die noblen Überseebrücken nicht so lange blockieren, lautete die offizielle Begründung, aber da wir im Verlauf der Reise ein paar Mal in ähnlichen Hinterhöfen festmachten, vermute ich, dass das Reedereideutsch war für »Wir sparen, wo es nur geht«. Trotzdem hatte der Taxifahrer Unrecht gehabt: Mit Schrott hat Cellpap nichts zu tun. Hier wird hauptsächlich Altpapier verladen.

Vor dem Schiff war ein weißes Festzelt aufgebaut, girlandengeschmückt wie auf dem Rummelplatz, und drinnen warteten Champagner, Passkontrolle, der Kreuzfahrtdirektor mit seinem Gute-Laune-Team, beflissene Helfer mit dem Dauerlächeln von Zirkusartisten sowie ein Fotoauge, um jenes Plastikkärtchen mit Lichtbild zu erstellen, das für die nächsten siebzehn Tage für unsere Identität bürgen würde, wenn wir das Schiff zum Landausflug verlassen sollten. Auch die beiden netten Damen der Agentur, die mir diese Lesereise vermittelt hatten, waren vor Ort und fragten fürsorglich nach meinem Befinden.

»Was für ein Riesenschiff«, sagte ich in ehrlicher Bewunderung und blamierte mich damit zum zweiten Mal innerhalb einer Stunde. Es sei eines der kleinsten, erfuhr ich, gerade mal für 650 Passagiere ... mindestens das

Doppelte, eher das Dreifache sei heute die Norm. So was Ähnliches war mir übrigens schon mal vor vierzig Jahren in New York passiert, als ich für meine Zeitung zum ersten Mal die Kolumne »Wir trafen am Hafen« versorgen sollte und in poetischer Verklärung gleich im ersten Satz schwärmte, wie das »Riesenschiff vor Anker ging«. Wochenlang spotteten und lachten meine Kollegen darüber, weil ein Schiff am Pier nicht vor Anker geht, sondern festmacht und es sich außerdem um die »Bremen« handelte, dem damals kleinsten in der Flotte der Ozeanliner. Na ja, dafür weiß ich, dass Schubert dreizehn Opern geschrieben hat, auch wenn die heute kein Schwein mehr aufführt ...

Wir reisen gern leicht, auch auf längeren Strecken, aber auf dem Schiff ist so was undenkbar, allein schon wegen der Mindestausstattung von sechs Abendkleidern für meine Frau und meines Smokings mit weißer Zweitjacke, für den Fall, dass ich die schwarze voll kotzen würde. Dienstbare Geister hatten uns die Koffer abgenommen, und als wir die Kabine betraten, waren sie auf wunderbare Weise schon dort. Es war eine eher schlichte Kabine, an siebenter Stelle in der Rangordnung von insgesamt zwölf Kategorien, aber immerhin nach außen, mit Fenster, Duschbad und Sitzecke. Ein wenig neidisch hatte ich dem Pärchen vor uns nachgeschaut, das den langen Weg ganz nach oben antrat, in eine der beiden Penthouse-Suiten gleich neben der Brücke, während wir auf dem Hauptdeck nur um die Ecke zu biegen brauchten, aber dafür zahlte es 40 000 Euro für die Reise, wir hingegen nichts. »Wir haben eindeutig das bessere Preis-Leistungs-Verhältnis«, meinte meine in solchen Fällen so wunderbar vernünftige Frau.

Zum Auspacken kamen wir erst mal nicht, denn gleich jetzt, noch fest vertäut am Cellpap-Pier, gab es den vorgeschriebenen Rettungsdrill: Mit angelegter Schwimmweste begibt man sich zu Fuß – die Fahrstühle sind für dieses Manöver sinnvollerweise stillgelegt – auf das richtige Deck vor das richtige Boot und lernt dabei jene Mitpassagiere kennen, mit denen man im Ernstfall darin sitzen und Lose ziehen würde, um zu bestimmen, wer wen als Ersten aufessen darf, wenn der Notproviant nach zwei Wochen zu Ende gegangen ist.

Schon toll, so ein knallrotes, massives Rettungskorsett eng geschnürt am Leib zu tragen. Im Flugzeug gibt's ja nur diese Minidinger, unzugänglich unter dem Sitz versteckt, hoch in den Lüften und deshalb fern aller Realität. Aber hier, wo es nach Meer roch und schon ein bisschen schaukelte, war das nicht ohne Reiz: die drohende Gefahr ganz nahe, und trotzdem in Sicherheit. Dasselbe Gefühl wie damals, als ich als Schuljunge in Salzburg am Puff vorbeischlich.

Zur Beruhigung gab es eine kurze Ansprache des Kapitäns, der uns versicherte, dass noch nie was passiert sei (was, statistisch gesehen, gar keine Beruhigung ist, sondern im Gegenteil: Auf die Dauer MUSS ja mal was schief gehen). Wir wurden belehrt, dass dieses Manöver demnächst noch einmal stattfinden würde, unangekündigt auf hoher See, und erfuhren außerdem, dass wir uns im Falle starker Rauchentwicklung mit den Händen auf der Schulter des Vordermannes durch die Gänge tasten sollten. Ich sah mich um, fand aber niemand Begrapschenswerten und beschloss deshalb, lieber zu sterben als jemanden anzufassen, für den Fall, dass meine Frau mich nicht finden und retten würde. Aber so was denkt sich leicht, wenn die

Piermauern nur zwei Meter entfernt sind ... Wer weiß, wie man sich aufführt, wenn es ernst wird. Dumm, dass die großen Schiffskatastrophen so selten im Hafen stattfinden.

Jubelnde Mengen am Pier, schmetternde Blasmusik, so kennt man das Ablegen aus dem »Titanic«-Film. Bei uns winkten zwar nur neun Leute, darunter die beiden Netten von der Agentur, aber immerhin: Weil es der 4. Juli war, der amerikanische Nationalfeiertag, spielte unsere polnische Bord-Combo nach dem dreimaligen, mächtigen Grunzen des Nebelhorns die US-Hymne, und es ging los. Mir war feierlich zu Mute, und auch ein bisschen mulmig. Ob wir wieder heil zurückkommen würden?* Aber dieses Gefühl habe ich eigentlich immer. Sogar beim Einsteigen in die Straßenbahn.

LOGBUCH 6. JULI
Edinburgh. 15°, leicht bewölkt; Barometer 1015 (steigend)
Sonnenaufgang 4:36, Sonnenuntergang 21:59

Gerade sind wir vom ersten Landgang zurückgekommen, vom schönsten Landgang der Welt, zufällig in Edinburgh, hätte aber auch Sibirien sein können oder die Wüste Gobi, hauptsächlich LAND-Gang. Denn die zwölf Stunden davor war ich seekrank gewesen, zum ersten Mal wieder seit fast dreißig Jahren.

Damals war ich auf der Frachtfähre von Neapel nach Stromboli unterwegs gewesen, dem einzig sinnvollen Ver-

---

* Natürlich nicht, denn unser Endhafen würde nicht Hamburg sein, sondern Dover. Aber Sie wissen schon, was ich meine.

kehrsmittel jener Zeit, wenn man nicht umständlich über Sizilien und die Liparischen Inseln anreisen wollte. Ich hatte die etwa zehn Stunden dauernde Überfahrt schon vorher ein paar Mal unternommen und wusste, dass es mir wieder dreckig gehen würde, das gehörte eben fest zu dieser Route dazu – jedenfalls DACHTE ich damals, dass diese Mischung aus Übelkeit und Ekel »Seekrankheit« war. Erst auf der letzten Reise nach Stromboli erfuhr ich, wie sich Seekrankheit WIRKLICH anfühlt.

Schon bei der Ausfahrt aus Neapel peitschte uns ein Regensturm entgegen, der jeden Aufenthalt auf Deck unmöglich machte, und auf dem offenen Meer tobte zusätzlich ein Gewitter, dessen gewaltige Sturmwogen jenes merkwürdige Phänomen auslöst, das physikalisch gesehen unmöglich ist, aber trotzdem genau so stattfindet: Der Körper hebt sich mit jeder Welle, aber der Magen bleibt unten. Und dann senkt sich der Körper wieder, aber der Magen schwebt nach oben. Ein paar tausend Mal. Man wolle »nur noch sterben«, schildern die meisten diesen Zustand, aber bei mir ist es schlimmer: Da mein Todestrieb ausgeprägt ist und ich auch schon bei minderen Anlässen wie voll besetzten Parkgaragen oder Mücken im Schlafzimmer sterben will, fehlt mir diese Finalität als Zuflucht in der echten Krise. Es müsste daher weit mehr als nur ein Tod sein, um diesem Elend wenigstens gedanklich zu entkommen, hundert Tode vielleicht, oder nie geboren zu sein, nicht einmal abgetrieben. Am besten, das Universum würde gar nicht existieren, samt Urknall.

Jawohl, damals war ich *wirklich* seekrank. Ich lag auf dem Boden der Kabine, weil man da unten nicht mehr aus dem Bett fallen kann, und kotzte rhythmische Fontänen nach dem Vorbild der Wale.

Diesmal war es bei weitem nicht so schlimm. Aber schlimm genug. Und vor allem peinlich. Denn die Seekrankheit begann schon beim ersten Gala-Abendessen unserer Reise. Beim *Captain's Dinner*.

Zwei Abendessen liegen jetzt bereits hinter uns, und damit zwei von insgesamt drei verschiedenen Arten der Modenschau, an denen man auf einer gepflegten Schiffsreise mitmachen muss: leger, informell und formell. »Leger« bedeutet genau das, was es heißt, also Alltagsklamotten oder gehobenes Touristen-Outfit, und kommt eigentlich nur vor, wenn die Zeit für Auspacken und kosmetische Restaurierung nicht mehr ausreicht ... also vorgestern zum Beispiel, weil es ja schon 18 Uhr war, als wir ablegten, oder an Tagen mit extralangen Landausflügen. »Informell«, die zweite Stufe, zwingt den Herrn in Anzug mit Krawatte und die Dame ins kleine Schwarze mit Perlen oder in süße Torheiten für Mädchen um die zwanzig, getragen von Frauen über siebzig.

Gestern war die höchste Stufe angesagt: »formell«, die große Gala. »Der Kapitän erwartet alle Gäste zur Begrüßung auf der Steuerbordseite des Ballsaals«, hieß es in der Einladung. Und damit kommen wir zur wichtigsten Frage der Seefahrt überhaupt: Wo liegt Steuerbord? Rechts oder links?

Logik hilft hier kein bisschen, denn gesteuert wird vorn auf der Brücke, und backbord, das Gegenstück auf der anderen Seite, kommt von »back« und bedeutet hinten. Sogar Admiräle haben deshalb auch heute noch ein kleines S auf dem Rücken ihrer rechten Hand eintätowiert. Und B auf der linken, als Hilfe, falls es mal schnell um die Kurve gehen muss, wenn der Eisberg kommt. Vorausgesetzt natürlich, sie kennen den Unterschied und schreien nicht »Links!« wie meine Frau, wenn ich rechts abbiegen soll.

Auch ohne Tätowierung stand der Kapitän auf der richtigen Seite, davor eine lange Schlange, denn jeder der Passagiere hat das Anrecht auf ein ausführliches Schwätzchen mit dem Chef. Natürlich auch ich. Ich habe es in seiner ganzen Länge protokolliert.

FEUERSTEIN: Hallo, Käpt'n. Ich bin einer der beiden deutschen Lecturers. Und das ist meine Frau.
KAPITÄN: Freut mich.
FEUERSTEIN: Und sonst?
KAPITÄN: Bestens.

Dann waren die Nächsten dran. Beschwingt durcheilten wir den Saal zu unserem Tisch. Es hat schon was, mit einem Herrscher über die sieben Weltmeere so locker plaudern zu dürfen. Beim Bundespräsidenten ist man ja auch nicht täglich zu Gast.

Zwar herrschte nur Windstärke 3 bis 4, aber in der Nordsee mit ihren kurzen Wellen ist das schon eine Menge, zumal wir aus Unkenntnis eine Kabine viel zu weit vorn gewählt hatten, entsprechend schaukelfreudig, mit klatschenden Spritzern am Fenster bei jedem Eintauchen vom Wellenberg ins Wellental. Vielleicht hatte ich auch beim Defilee vor dem Kapitän meinen Bauch zu lange eingezogen, da ich eindeutig zu jenen Leuten gehöre, die nicht einsehen wollen, dass ein Bauch über die Jahre wächst, ein Smoking hingegen in seiner Kapazität unverändert bleibt. (Ich habe inzwischen einen neuen, in Bangkok maßgeschneidert, mit Bauchreserve.)

Als der Nachtisch angedroht wurde, wusste ich, dass ich gleich kotzen würde. Im Smoking tut man so was nicht. Ich habe schon viele Betrunkene und Seekranke kotzen sehen, auch Pferde, aber nie taten sie das in Abendgarderobe. Also zeigte ich jene Contenance, die man als Salonlöwe von Rang zu wahren hat, stand würdevoll auf und verbeugte mich verabschiedend vor Gattin und Tischnachbarn. Dann schritt ich milde lächelnd durch die Reihen der eleganten Mitesser, grüßte mit jovialem Nicken meinen Kapitän und winkte an der Tür in standesüberbrückender Kameraderie auch noch Brigitte zu, der österreichischen Weinkellnerin. Hechelnd und würgend rannte ich danach durch die leeren Gänge und schaffte es tatsächlich gerade noch bis in die Kabine.

Ach so, und da war auch noch Edinburgh. Ich liebe diese Mischung aus schottischer Rauflust und englischer Arroganz, so streng und düster, aber gleichzeitig geil und lieblich. Viel Geheimnisvolles und Abgründiges spüre ich an diesem Ort. Wäre ich Engländer, hätte ich meinen Wohnsitz unbedingt hier. Edinburgh gehört zu den Städten wie Wien oder Bombay, in die es mich immer wieder zieht, auch wenn es mich gleichzeitig mächtig schaudert.

Sechs Stunden lang wanderten wir durch diese wunderbare Stadt und, wie so oft, quälte ich meine Frau mit der Besichtigung früherer Drehorte (»Hier ließ ich mir einen Kilt anfertigen ...«, »Dort hatte ich Krach mit Wolpers ...« etc.), obwohl sie schon alles darüber in meinem letzten Buch gelesen hatte.* Und jetzt sind wir wieder an Bord und warten auf das Abendessen. Heute »informell«.

---

* Und Sie hoffentlich auch. (*Feuersteins Ersatzbuch,* Schottland, ab Seite 77.)

LOGBUCH 7. JULI

Nordatlantik Kurs NW
12°, neblig mit Nieselregen; Barometer 1019
Sonnenaufgang 4:15, Sonnenuntergang 22:47

Es tut mir Leid, und ich bitte Sie deshalb ganz aufrichtig um Entschuldigung, dass ich Sie mit den ekligen Einzelheiten meiner Seekrankheit belästigt habe. Aber in ein Logbuch gehört nun mal auch die Beschreibung der eigenen Befindlichkeit, das wissen wir schon von Kolumbus. Und es kann ja passieren, dass man doch mal an der Seekrankheit stirbt, und dann ist das recht unangenehm für den Leser, wenn er vorher kein Wörtchen darüber erfahren hat und der Autor plötzlich tot ist. Thomas Mann hat in seinem Tagebuch sogar die Blähungen notiert. Mache ich nicht. Obwohl man daran sterben kann.

Vor mir liegt die Statistik. 30 000 Kilo Rindfleisch werden jährlich von den Schiffsköchen verarbeitet, 23 000 ganze Hähnchen und 385 000 Eier, mit Hilfe von 44 000 Litern Kochöl. Ich liebe solche Statistiken und rechne auch immer gleich nach: Bei durchschnittlich 600 Passagieren pro Nase also knapp 2 Eier am Tag, 140 Gramm Rindfleisch und ein Zehntel vom Huhn. Hm, klingt zwar mehr nach Mensa als nach Drei-Sterne-Schlemmerei, könnte aber hinkommen. Beim Kochöl hingegen stutze ich: An einer Stelle steht nämlich: 1000 Liter pro Woche, an einer anderen aber 44 000 Liter pro Jahr. Müssten das nicht 52 000 Liter sein? Oder hat ein Schiffsjahr acht Wochen weniger als ein Landjahr?

Bei den Bananen erhärtet sich mein Verdacht, dass da was nicht stimmt, und jetzt packt mich das Jagdfieber wie den Steuerfahnder, der beim Aktenstudium auf die erste

Spur einer Riesensauerei stößt: 950 Kilo Bananen als Wochenbedarf, aber 42 500 Kilo als Jahresverbrauch. Da fehlen doch glatt 8000 Kilo Bananen, Leute! Wo sind die hingekommen? Ist da ein Planer aus der Ex-DDR am Werk? Und als ich dann lese »67 000 Rollen Toilettenpapier«, weiß ich: Jawohl, das ist ein Fall für den Staatsanwalt.

Nach fast zehnjährigem Zusammenleben gibt es eigentlich keine Fragen mehr, mit denen ich meine Frau erschrecken könnte. Dennoch blickt sie verwundert auf, als ich von ihr wissen will: »Wie viel Klopapier verbrauchst du pro Tag?« – »Warst du im Schiffskasino, und sind wir jetzt verarmt?«, stellt sie die Gegenfrage. – »Nein, es geht nur um die Statistik.« – »Etwa eine Rolle pro Woche.«

Habe ich mir's doch gedacht. Da wir zu Hause in getrennten Badezimmern sitzen, weiß ich nämlich, dass meine Frau doppelt so viel Toilettenpapier verbraucht wie ich, macht also zwei Rollen alle zehn Tage für uns beide oder knapp 40 Rollen für jeden Einzelnen im ganzen Jahr. Bei 600 Passagieren sind das 24 000 Rollen. Aber 67 000 Rollen werden verbraucht! Ob da in riesigen Mengen Klopapier geschmuggelt wird? Unter dem Deckmantel einer Kreuzfahrt?

572 Passagiere sind an Bord, also nicht ganz ausverkauft diesmal, 90 würden noch reinpassen. 178 davon sind Amerikaner, 138 Briten, 144 Deutsche, dazu ein paar aus Österreich und der Schweiz, der Rest Kanadier, Italiener, Franzosen, Spanier und so weiter, drei Japaner sind dabei, aber kein einziger Russe, obwohl die neuerdings überall anzutreffen sind. Aber logisch: Wer Sibirien hat, braucht nicht ins Eismeer.

Eine beachtliche Truppe ist aufgeboten, um die Passagiere bei Laune zu halten: ein Showensemble aus acht

Sängern und Tänzern, eine Geigenvirtuosin, ein klassischer Pianist, ein Musical-Star, ein Meister auf der Gitarre, ein Zauberkünstler, ein Barmusiker, ein Salontrio für den täglichen Tanztee und die fünfköpfige Bordkapelle aus Polen für Dinner und Deck. Ferner der Kreuzfahrtdirektor als Moderator, sein Assistent, ein ehemaliger Clown, und vier elegante Herrn meines Alters, die den allein reisenden Damen vor und nach dem Essen als Tanzpartner zur Verfügung stehen, die so genannten *Gentlemen Hosts*. Dazu ein Kunstauktionator und ein Schmuckberater sowie – in Würdigung des besonderen Bildungsanspruchs der deutschsprachigen Gäste*, die ja nur genießen können, wenn sie dabei was lernen dürfen – zwei *Lecturers*, »Dozenten« gewissermaßen, ein Wissenschaftler und ein Literat. Der Letztere ich.

Heute Vormittag war mein Kollege dran, Dr. Gradinger aus Kiel, ein junger Biologe mit dem Fachgebiet Polarökologie. Er hielt einen Diavortrag über eine Forschungsreise auf einem Eisbrecher im Polarmeer, so lebensecht, dass ich fast schon wieder seekrank davon wurde ... acht Monate in einer Vier-Mann-Kabine bei Windstärke 9, warum machen Menschen so was? Der Kinosaal, der 250 Zuschauer fasst, war so gut wie »ausverkauft«, ganz schön beachtlich bei höchstens 200 Deutschsprachigen an Bord.

Morgen bin *ich* zum ersten Mal dran. Aber erst nach dem Abendessen, noch dazu nach einem Tagesausflug auf Island. Ob es bei mir auch so voll werden wird? Mit Sicherheit nicht. Meine Frau ist auch keine Hilfe, weil sie eben fragte, ob sie »unbedingt mitkommen« müsse. Wahrscheinlich werde ich ein Selbstgespräch führen ...

---

* Diese Reise fand vor Bekanntgabe der Pisa-Studie statt.

LOGBUCH 8. JULI

NW-Kurs auf Island
12°, Nieselregen; Barometer 1007, Windstärke 2
Sonnenaufgang 3:44, Sonnenuntergang 23:15

Berüchtigt und ein Riesenproblem, habe ich mir sagen lassen, ist auf großen Schiffen die Frage, wann man essen möchte: zum ersten Serviergang, meist um halb sieben schon, oder zum zweiten um acht. Natürlich wollen alle um acht, der frühestmöglichen Geselligkeitszeit für Reiche und Schöne ... Wie soll man es sonst auch schaffen nach dem Kuchenbuffet um drei und dem Fünf-Uhr-Tanztee, und zurechtmachen will man sich ja auch noch in Ruhe. Also ist der frühe Serviergang eine Art Sozialstation für die Verlierer, die sich zu spät angemeldet haben, für die Früh-zu-Bett-Geher und *wirklich* Alten, für die Rentner unter den Rentnern, die bereit sind, die fünf Gänge in siebzig Minuten runterzuschlingen, denn man will ja rechtzeitig weg sein, um nicht von den Acht-Uhr-Speisern gesehen zu werden und damit das Gesicht zu verlieren. Und die Tische neu dekorieren muss man schließlich auch noch.

Ich schlinge sechs Gänge in zwanzig Minuten runter und würde sogar schon um fünf Uhr antreten, wenn ich nur sicher sein dürfte, damit meiner schlimmsten Höllenvision zu entgehen: Smalltalk über Themen, die mich nicht interessieren, mit Leuten, die mich langweilen. Aber das Problem stellt sich hier gar nicht, denn unser Speisesaal bietet Platz für 700 Gäste, da könnte sogar die polnische Band mitessen, wenn sie denn dürfte (darf sie aber nicht: Musiker gehören zur Besatzung. Mozart musste beim Salzburger Erzbischof auch in der Küche essen, als Angestellter des Haushofmeisters). Nur ein einziger Serviergang also zur High-Society-Time, und mit der Platzwahl hatten wir ebenfalls Glück: keine Tafelrunde zu sechst, keine Massenkumpanei zu acht, sondern ein diskreter Vierertisch gemeinsam mit einem reiferen Ehepaar aus dem Münchner Umland, den Dorschs, gehobenen Beamten im Ruhestand, und Letzteren mit dieser ihrer ersten Kreuzfahrt umsichtig genießend (»Man gönnt sich ja sonst nichts«).

Da meine Frau eine versierte Dolmetscherin zwischen meinen oft recht abstrusen Gesprächsvorschlägen* und der korrekten Dinnerkonversation unter niveauvollen, normalen Menschen** ist, kamen wir bestens zurecht. Nur die überlaute Stimme von Frau Dorsch störte zuweilen ein bisschen, weil sie immer in voller Lautstärke alle Geschehnisse auf der Bühne beschrieb, die man ohnehin sah. »JETZT TANZEN SIE«, schrie sie ihren Mann an, wahrscheinlich aus der Erfahrung von vierzig Ehejahren, wonach Männer von sich aus nichts wahrnehmen. »JETZT WÄR SIE FAST HINGEFALLEN!«, schrie sie deshalb weiter. »JETZT HEBT ER SIE HOCH!« – »JETZT KOMMT SCHON WIEDER WAS ANDERES!«

»JETZT REICHT'S!«, hätte ich selber gern geschrien, und ich hätte es bestimmt getan, wenn ich allein gewesen wäre, verbunden mit einem kumpeligen »Ist ja nicht so gemeint«-Lachen, um die Ungezogenheit in die Hülle eines Scherzes zu kleiden. Aber wenn meine Frau dabei ist, darf ich so was nicht.

---

* wie zum Beispiel »Hatte Winifred Wagner Sex mit Hitler?« oder »Ökosärge, die mit ihrem Inhalt gemeinsam faulen«.
** wie zum Beispiel »*FAZ* und *Süddeutsche* im Vergleich« oder »EURO, Fetisch oder Dämon am Beispiel von Dänemark«.

»Seetag« nennt man es auf der Kreuzfahrt, wenn man den ganzen Tag unterwegs ist, ohne einen Hafen anzulaufen. Sieben Seetage insgesamt haben wir auf dieser Reise, zwei sind es von Edinburgh nach Island. Der gestrige führte durch eine spektakuläre Landschaft, die etwa zehn Kilometer breite Passage zwischen Nordschottland und den Orkney-Inseln. Stolz hatte der Kapitän verkündet, dass wir hier mit der Rekordgeschwindigkeit von 23 Knoten zwischen den Inseln Swona und Stroma durchjagen würden, also mit etwa 40 Stundenkilometern, dank der enormen Strömung. Und tatsächlich flogen die Landschaften zwischen Wolkenfetzen vorbei, baumlos und grün, karge Steinhäuser, Schafe, immer wieder Leuchttürme. Das alles bei Windstärke 4 und kein bisschen seekrank. Ob ich doch noch zum Seebären werde?

Ab Windstärke 4 gibt es übrigens einen interessanten Effekt: Das Wasser aus der Dusche wechselt dann ganz abrupt von kochendheiß in Arktis-kalt. Angeblich, weil die beiden Container an verschiedenen Stellen untergebracht sind und deshalb je nach Schaukelbewegung das kalte und heiße Wasser abwechselnd ins System schicken. Das ist recht unangenehm, weil die Duschkabine zu klein ist, um dem Wasserstrahl auszuweichen, wenn man mal drunter steht. Man kann nur rausspringen. Wenn man also morgens aus den Nachbarkabinen schrille Schreie und lautes Poltern hört, weiß man: aha, Windstärke 4. Falls man nicht selbst schon vorher aus dem Bett gefallen ist.

Vom Unterhaltungsprogramm an Bord haben wir bisher fast nichts mitbekommen. Das Konzert der Geigenvirtuosin war meiner Seekrankheit zum Opfer gefallen, der Zauberer (»Die miesen Tricks der Taschendiebe – für Sie entlarvt«) war auch nicht so ganz unser Ding, und mit den

Gentlemen Hosts zu den Klängen der polnischen Band zu tanzen, hatten bisher weder meine Frau noch ich das dringende Bedürfnis. Auch vorgestern, als der australische Musical-Star dran war, kniffen wir und gingen lieber ins Bordkino: *Cider House Rules*, die Verfilmung des Bestsellers von John Irving, leider getrübt durch meine liebe Frau, die das Buch (mit dem grauenhaften deutschen Titel *Gottes Werk und Teufels Beitrag*) gelesen hatte und mir deshalb ständig zuflüsterte, was als Nächstes passiert. »JETZT REICHT'S!«, hätte ich auch hier gern geschrien, aber auch im Kino darf ich nicht laut sein, wenn sie daneben sitzt.

Auch tagsüber gäbe es ungeheuer viel zu tun, wenn man nur wollte, von der Morgengymnastik mit der Fitnesstrainerin vor dem Frühstück bis zur Spieleshow »Erkennen Sie die Melodie« kurz vor Mitternacht. Dazwischen Computerkurse, Kosmetiktipps, Bridge für Anfänger und Fortgeschrittene, Shuffleboard auf dem Brückendeck, Golfunterricht mit Einloch-Training, Sitz-, Dehn- und Entspannungsübungen, Bingo am Nachmittag, Spielkasino rund um die Uhr, Kunstauktionen, »Sticken mit Melanie« abwechselnd mit »Halstuchbinden mit Melanie« … Mit anderen Worten: alles Schreckliche dieser Welt, dem ich bisher im Leben erfolgreich aus dem Weg ging und auch künftig zu tun beabsichtige.

Mein Kollege Dr. Gradinger war heute früh schon zum zweiten Mal dran, mit einem Diavortrag über die polare Tierwelt. Darin schimpfte er wie ein Rohrspatz über Greenpeace, was mich wunderte, weil ich immer dachte, Öko-Krieger und Wissenschaftler zögen gemeinsam an einem Strang. Aber warum sollten sie, wo sich doch nicht mal zwei Schönheitschirurgen darüber einig sind, welche Füllung sie in Busen stopfen.

Jetzt muss ich aufhören und aus der Kabine raus, weil meine Frau den ganzen Platz braucht, um ihre Abendkleider auszulegen. Denn heute ist wieder »formell« angesagt. Ob ich wieder seekrank werde?

LOGBUCH 9. JULI

Reykjavik, Island
18°, meist heiter; Barometer 1011 (steigend)
Sonnenaufgang 3:43, Sonnenuntergang 0:07

Seit meiner letzten Eintragung habe ich zwei Wunder erlebt: den grünen Blitz zum Sonnenuntergang und Strokkur, den pünktlichen Geysir.

Eben haben wir unter den Klängen unserer polnischen Band abgelegt und schippern mit majestätischer Vorsicht aus dem Fischereihafen von Reykjavik heraus. Schade, dass wir nicht im romantischen »Alten Hafen« festmachen durften, aber der war gerade in einem recht unromantischen Zustand: Besuch eines NATO-Flottenverbandes, ein Dutzend Kriegsschiffe in voller Montur. Dafür wirken wir hier, zwischen den Fischkuttern, wie ein Gigant. Leider schenken uns die Fischer nicht die geringste Beachtung. Wahrscheinlich neidisch, die Wikinger.

Um acht Uhr früh waren wir hier angekommen, aber seit sechs sind wir schon auf den Beinen, denn gleich nach dem Festmachen begann unser siebenstündiger Landausflug mit Führung, »Golden Circle« genannt, für 125 Dollar pro Person. Vier Exkursionen hatten zur Wahl gestanden: Stadtrundfahrt Reykjavik (46 Dollar), Baden im heißen Quellwasser der Blauen Lagune (53 Dollar, »Handtuch und Shampoo mitnehmen!«), Neunzig-Minuten-Rundflug über Gletscher und Vulkane (219 Dollar –

leider im Kleinflugzeug, so was ist aber nur im Hubschrauber spannend) und schließlich die von uns gebuchte Rundfahrt, die zu Islands berühmten Geysiren und dem gewaltigen Gullfoss-Wasserfall führen würde, dessen Ansicht wir zu Hause auf dem PC als Bildschirmschoner haben. Da gab es für uns keinen Zweifel: Die musste es sein. Und sie war grauenhaft.

Dazu muss ich allerdings bemerken, dass ich daran nicht unschuldig bin. Unter den vielen Idiosynkrasien, die mir zu Eigen sind, steht die Abneigung alles Gemeinsamen eindeutig an der Spitze. Rudelverhalten schätze ich nur bei Hunden, und den wenigen Geselligkeiten, zu denen ich überhaupt noch eingeladen werde, entfliehe ich immer als Erster oder überstehe sie, wenn es nicht anders geht, verbarrikadiert in der Besenkammer. Horror vom Horror sind deshalb für mich Gruppenreisen, auch in der Kleinstform eines Busausfluges – aber hier hatte ich keine Wahl. Wie sollte ich sonst unseren Bildschirmschoner in Echt erleben?

Wir füllten drei große, komfortable Busse, dann ging es los. Die isländische Reiseleiterin begrüßte uns herzhaft auf Wikingerart – und sagte dann nichts mehr, was Isländer durchaus sympathisch macht, außer, sie sind Reiseleiter. Nach einer Stunde Fahrt hielten wir an. An einem Ramschladen.

Hier spaltete sich unsere Gruppe in zwei Parteien auf: in die primitiven, niveaulosen Nichteuropäer, die sofort ausschwärmten und für die nächste halbe Stunde hinter Regalen mit Anoraks und echten Island-Pullovern verschwunden blieben, und in uns Sinn suchende, kulturell überlegene Vertreter der Alten Welt, die heftig dagegen protestierten, dass wir statt der Naturwunder des Landes einen Ramschladen angesteuert hatten. Die Begründung der Reiseleiterin war ebenso einleuchtend wie entwaffnend: Passagiere auf Kreuzfahrt seien nun mal hauptsächlich älteren Kalibers, und alte Menschen müssen dauernd aufs Klo, das weiß man von Oma. Aber nur hier, auf der Mitte der Strecke, gäbe es Toiletten. Dass man auf dem Weg dahin ein paar Ramschläden durchqueren müsse, sei reiner Zufall.

Irgendwie kam mir das Märchen vom Gold scheißenden Esel in den Sinn. Für den Ramschladen-Betreiber ist es wohl in Erfüllung gegangen, jeden Tag ein paar Busladungen Esel ...

Der Gullfoss-Wasserfall ist noch mächtiger, noch breiter, noch dramatischer als auf dem Bildschirm. Aber leider nicht so menschenleer. Man muss Schlange stehen, bis man zum Aussichtspunkt vorrücken kann, und dann drängen schon die Nächsten nach. Trotzdem: Man MUSS ihn gesehen haben. Und wir HABEN ihn gesehen. Mindestens fünf Minuten lang. Und wieder ein Weltwunder abgehakt.

Mehr Platz und mehr Zeit bietet der Stokkur-Geysir, denn er enthält nicht nur die weltbekannte große, sondern auch mehrere kleine Fontänen, die zur Schonung der Touristen genau innerhalb ihrer Umgrenzungen aus der Erde schießen und niemanden nass spritzen, der das nicht ausdrücklich will, pünktlich noch dazu, sodass jeder zu seinem Foto kommt. Auch wir knipsen heftig, und sogar Dr. Gradinger, mein Wissenschaftskollege, hat eine Kamera vor der Nase, doch ist er nicht an den kochenden Springbrunnen interessiert, sondern kriecht mit seiner Frau auf dem Boden herum, in ständiger Suche nach mikrobiologischen Sensationen. Ich beneide ihn: Wie gern hätte auch ich eine kleine Welt für mich, in der ich mich einigermaßen auskenne, und nicht diese große, in der ich längst verloren gegangen bin …

Wer gut bei Fuß war, fand anschließend noch Gelegenheit zu einem flotten Rundgang im Thingvellir-Nationalpark, wo sich über 800 Jahre lang das isländische Althing versammelt hatte, das erste europäische Parlament mit Regeln und Streitkultur, aber bitte jetzt keine Fragen oder gar Stehenbleiben in dieser magischen Landschaft, sonst würde der andere Teil unserer Ausflugsgruppe, der das kleine Stück Weges lieber mit dem Bus gefahren war, zu lange auf uns warten müssen. Also wurden wir im Eilschritt zum Mittagessen getrieben, das ebenso lang wie langweilig war, in einem Großgasthof mit vielen winzigen Kammern, mit hektisch suchenden Reiseleitern, die die allergrößte Mühe hatten, die richtigen Esel der richtigen Gruppe zuzuordnen. Und auf der Rückfahrt gab es natürlich wieder einen Toiletten-Stopp. Ganz zufällig mit einem Ramschladen dabei. Fazit: vier Stunden Fahrt, eine Stunde Lunch, zweimal eine halbe Stunde Klopause und eine Stunde Island. Die europäische Kulturgemeinde schwört im Bus feierlich, nie wieder einen Gruppenausflug mitzumachen, doch ahne ich schon, dass wir diesen Eid nicht halten werden.

Aber im Augenblick habe ich andere Sorgen. Denn nach dem Abendessen (»informell«) bin ich heute mit meiner ersten Lesung dran. Gewöhnlich habe ich kein Problem mit Lampenfieber, aber jetzt muss ich zugeben: Ich bin nervös. Was ist, wenn niemand kommt? Nach dem Landgang und seinen erschöpfenden Ausflügen wäre das gar nicht so unwahrscheinlich …

Heute Nacht gibt es den letzten Sonnenuntergang. Danach sind wir für fünf Tage im Reich der Mitternachtssonne. Und der vorletzte, gestern, hatte uns ein grandioses, überaus seltenes Schauspiel beschert, von dem ich bisher nicht mal gewusst hatte, dass es so was gibt.

Wir hatten uns nach dem Abendessen *Bonsoir Paris* gegönnt, die große Show der Revuetruppe, sehr bunt und sehr laut, aber nicht laut genug für Frau Dorsch, die wie ein Radioreporter beschrieb, was sie sah. »JETZT TANZEN SIE TANGO!«, schrie sie. »JETZT TUN SIE SICH MIT DEN BEINEN VERHAKEN!« Und als ihr Mann tatsächlich einen neugierigen Blick in Richtung Bühne warf, um zu prüfen, was sie wohl damit meinte, schob sie eine Erklärung nach: »DER TANGO IST …«, schrie sie, und das war auch angebracht, denn unsere wundervolle polnische Band war gerade ebenfalls sehr laut. Doch in diesem Augenblick brach die Musik abrupt ab, wie beim Tango oft üblich, und Frau Dorsch schrie den Rest ihres Satzes in die jähe Stille hinein: »… EIN EROTISCHER TANZ!«

Der halbe Saal drehte sich nach uns um, in der Annahme, dass auch Frau Dorsch ein Teil der Show wäre und gleich aufspringen würde, um mit ihrem Mann die Beine zu verhaken. Ich lächelte nachsichtig meine Frau an, stolz, dass es ausnahmsweise nicht ich war, der unangenehm auffiel.

Dann war es elf, wir verabschiedeten uns von den Dorschs und danach auch von Abendkleid und Smoking, und machten, dick vermummt, einen Spaziergang auf dem Promenadendeck, in die untergehende Sonne hinein. Der Himmel war glasklar, und ein Mann aus Hamburg, der uns entgegenkam, fragte uns, ob wir schon mal den *green flash* gesehen hätten, den grünen Blitz. Nein, weder gesehen noch je davon gehört, musste ich gestehen, und ich war verlegen, weil ich ja sonst alles weiß. Es sei ein Phänomen der Lichtbrechung, erklärte er uns: Bruchteile einer Sekunde, nachdem der letzte Sonnenstrahl erloschen ist, erscheint genau dort ein grüner Blitz, mit einer Art Wölkchen rundherum, wie eine kleine Explosion. Aber das würde man nur an klaren, kalten Tagen sehen, bei reiner Luft und ebenem Horizont, vorzugsweise auf dem Meer. Sprach's und ging weiter.

Aha, einer von jener Sorte, die einem den Spaß vermiesen, indem sie Dinge erzählen, die man ja doch nie erlebt, dachten wir, und schauten, wie die Sonne langsam ins Meer tauchte. Und plötzlich sahen wir einen grünen Blitz. Wir sahen ihn beide, und es gibt ihn wirklich. Zusammen mit der Sonnenfinsternis des Jahres 1999 haben wir ihn in unser Gedächtnis eingetragen, als Ereignis, das einem wohl nur einmal im Leben begegnet.

LOGBUCH 10. JULI

Seetag, Kurs NO
7°, windstill, leicht bewölkt; Barometer 1012
Sonnenaufgang 2:53, kein Sonnenuntergang

Heute berichte ich über zwei Premieren und eine Peinlichkeit: meine erste Lesung, die ersten Wale dieser Reise sowie die Polartaufe.

Falls Sie mit mir gefiebert hatten: Alles ist gut, der Saal war voll. Besser gesagt, die *Garden Lounge*, denn meine Lesung fand nicht im Kinosaal statt, sondern im freundlichen, pastellfarbenen Teesalon, wo etwa hundert Leute Platz finden – was übrigens nicht reichte: Es mussten sogar noch ein paar zusätzliche Stühle reingetragen werden. Also mehr als die Hälfte der deutschsprachigen Passagiere, trotz der Tagesausflüge auf Island und des schweren Abendessens (skandinavisch). Und als ich um 22 Uhr immer noch nicht fertig war, obwohl man mir das mehrfach eingeschärft hatte, schlichen nur ganz wenige zur Tür hinaus, zu den »populären Melodien auf der Gitarre« im Ballsaal. Große Erleichterung für mich, denn man will ja trotz aller Stacheln geliebt und gebraucht werden.

Heute Morgen, gegen drei Uhr, hatten wir in der Westpassage zwischen Island und Grönland den Polarkreis überquert, 66 Grad 33 Minuten nördlicher Breite, und wie Grenzwächter warteten dort die Wale auf uns. Selbst ich, der sonst nie was erkennt, wenn aufgeregte Menschen auf einen Flecken im Wasser zeigen und brüllen »SEHEN SIE DAS?«, sah die mächtigen Blasfontänen der Walherde.

»Polarkreis« klingt unheimlich nördlich, ist aber erst die Schwelle zur Mitternachtssonne, die sich hier nur für einen einzigen Tag des Jahres volle 24 Stunden über dem Horizont hält. Am Pol geht sie dann fast ein halbes Jahr nicht mehr unter, aber bis dahin sind es noch mehr als 2500 Kilometer, während Hamburg gerade mal 1300 Kilometer südlich des Polarkreises liegt. Trotzdem hat seine unsichtbare Grenzlinie was Magisches, ähnlich wie der Äquator. Und so, wie es eine Äquatortaufe gibt, gibt es deshalb eine Polartaufe.

Unter den rauen Kerlen auf Forschungs- oder Kriegsschiffen muss diese Zeremonie ziemlich grausam sein, hatte uns Dr. Gradinger geschildert, eine Mischung von Spießrutenlauf und Mannbarkeitsritus, vom Eintauchen in Eiswasser bis zum Verschlucken eines lebenden Fisches. Nicht weniger grausam ging es bei uns zu, freilich mehr von der peinlichen Seite her betrachtet.

Wer mitmachen wollte, hatte sich schon gestern anmelden müssen. Viele waren es nicht, aber doch fast ein Dutzend Tapfere in Badekleidung, mit Decken umwickelt, die nach dem Mittagessen am beheizten Außenpool bereitstanden. Normalerweise ist das die Zeit für mein Mittagsschläfchen, aber ein Rohrbruch in der Kabine gegenüber hatte eine kleine Überschwemmung im Gang verursacht, und um den Schaden zu beheben, wurde von allen Seiten gebohrt und gehämmert. Da kriegt man nur Mordgedanken, wenn man trotzdem zu schlafen versucht.

Zum Einzugsmarsch der polnischen Band präsentierte sich das Taufkomitee: unser Kreuzfahrtdirektor als Neptun mit Muschelkrone, Dreizack und einem algengrünen Gesicht, grüner noch, als ich es im schlimmsten Zustand der Seekrankheit hatte, Arm in Arm mit seinem Assistenten, dem Ex-Clown, der als Tethys verkleidet war, die »Gattin Neptuns« – eine arge Beleidigung für uns Bildungsbürger, die wir nur zu gut wissen, dass Tethys mit dem griechischen Meeresgott Okeanos verheiratet war, während sein römischer Nachfolger Neptun nur ein paar Nixen zum Spielen hatte, aber keine feste Partnerin, sonst wäre er ja wohl nicht zum Schirmherrn der Matrosen geworden. Als Dritte im Team die attraktive, aber leider immer ein bisschen dümmlich lächelnde Tante aus dem Verkaufsbüro als Eisjungfrau mit Glitzerkostüm und Silberhaar, und schließlich als Vierter, direkt vom Nordpol angereist, der Weihnachtsmann, und zwar der echte, wie ich glaube, denn ich hatte diesen Typ bisher noch nie an Bord gesehen. Dazu ein paar seiner Elche, vermutlich die Showgirls von *Bonsoir Paris*, nach den langen, geilen Beinen zu schließen, außer, es gibt in dieser Gegend tatsächlich Elche, die an langen, geilen Beinen Netzstrümpfe tragen.

So verläuft die Zeremonie: Der Täufling kniet vor Neptun, küsst einen riesigen rohen Fisch und bekommt Mehlteig in die Haare geschmiert. Dann wird er ins Wasser gestoßen, und wenn er wieder rauskommt, kriegt er eine Urkunde.

Wenn heute auf der Dinner-Karte als Empfehlung des Chefkochs »Geküsster Fisch im Mehlmantel« angeboten wird, werde ich dieses Gericht *nicht* bestellen.

LOGBUCH 11. JULI

Seetag, Kurs N
6° Luft, 4° Wasser, bewölkt; Barometer 1009
Mitternachtssonne

Merkwürdig: Die Sonne gleißt, das Wasser ist glatt wie Öl, und trotzdem schaukelt es mächtig.

Als ich vor ein paar Tagen in der Tischrunde das Thema »Seekrankheit« angeschnitten hatte, schrie Frau Dorsch »KANDIERTER INGWER!«, und der halbe Saal drehte sich um und nickte zustimmend. Tatsächlich gilt kandierter Ingwer unter Kreuzfahrern als beste Vorbeugung gegen Seekrankheit, weshalb ich ab sofort bei jeder Gelegenheit eine Hand voll dieses widerlich süßen Gaumenklebers zusammenraffte, der auf einem Tablett am Ausgang des Speisesaals ausliegt. Leider hielt die Wirkung nicht lange an, denn inzwischen habe ich mich so sehr mit diesen schimmelweißen Kotzbrocken überfressen, dass schon der Gedanke an kandierten Ingwer mindestens so große Übelkeit auslöst wie die Seekrankheit selbst.

Meine aufkommende Mulmigkeit bekämpfte ich mit dem ältesten aller Mittel: einem herzhaften Deckspaziergang im eisigen Fahrtwind mit geblähten Backen, Atemwolken und flatterndem Schal. Genau 250 Meter misst die komplette Strecke auf dem Promenadendeck rund um das Schiff, vier Runden also ein Kilometer und sieben eine Meile. Für Jogger gibt es eine Startmarkierung, wo wie beim Minigolf Zettel und Bleistift ausliegen, damit man seine Leistung gewissenhaft protokollieren kann. Tatsächlich rannten mir bei jedem Deckbesuch ein paar Läufer über den Weg, egal zu welcher Zeit oder bei welchem Wetter, wahrscheinlich Hamburger, die ihren ererbten Zwang, rund um die Alster zu laufen, auf diese Weise ausleben. Niemand scheint übrigens an der Protokollierung interessiert zu sein: Ich habe, stets im Dienst der vergleichenden Wissenschaft, auf dem obersten Zettel ein Kreuzchen gemacht, und nach vier Tagen war mein Zettel heute immer noch der oberste.

Überhaupt wird vom sportlichen Angebot kaum Gebrauch gemacht. Niemand spielt Shuffleboard, was der Inbegriff nobler Hochsee-Aktivität ist, und im ringsum vergitterten »Golfkäfig«, ganz oben auf dem Brückendeck, dreschen gerade mal zwei oder drei Leute lustlos auf ihre Bälle ein. Sogar im Großen Salon, bei den »Streck- und Dehnübungen« auf dem Sofa, räkelt sich selten mehr als ein Dutzend – wahrscheinlich, weil die meisten von uns in einem Alter sind, in dem man froh ist, dass der Körper überhaupt noch da ist. Da will man ihn nicht auch noch beanspruchen. Der Hauptgrund freilich dürfte wohl darin liegen, dass man einfach zu müde vom vielen Essen ist.

Ab sechs Uhr gibt es das frühe Frühstück, ab halb sieben das servierte Frühstück und ab acht das große Frühstücksbuffet, nahtlos gefolgt von dem Vormittagssüppchen für den kleinen Hunger zwischendurch um elf Uhr. Ab halb eins hat man dann die Wahl zwischen dem servierten Mittagessen im Speisesaal und dem Mittagsbuffet im Lido-Café, und um 16 Uhr folgt die Teestunde mit Torten- und Eisbuffet. Ab 19 Uhr das große Dinner und vor dem Schlafengehen, kurz vor Mitternacht, der kleine Nachtimbiss. Danach gibt es nichts bis sechs Uhr morgens. Da muss man elend hungern.

Beim Deckspaziergang stießen wir immer wieder auf Leute mit angesetzten Ferngläsern, die plötzlich »WALE!« schrien und auf einen Punkt in der Ferne zeigten.
»Siehst du die auch?«, fragte meine Frau, und ich sagte »Natürlich!«, obwohl ich nichts sah, wie immer. Aber wenn ich zugebe, dass ich nichts sehe, glaubt sie wie der Rest der Menschheit, dass man zum Sehen gezwungen werden könne, wenn der andere oft genug »DORT!« brüllt und mit dem Zeigefinger Löcher in die Luft sticht. Also lüge ich, um meine Ruhe zu haben.

Endlich sah auch ich was durchs Fernglas. »WALE!«, schrie ich und fragte meine Frau nicht ohne Triumph: »Na, siehst du die auch?« Sie schaute durchs Fernglas und antwortete: »Das ist eine Eisscholle.« Wieso gönnt sie mir nichts? Sie könnte doch genauso lügen wie ich, um mir eine Freude zu machen? Außerdem ist eine Eisscholle an dieser Stelle ohnehin viel wichtiger als ein Wal, denn sie beweist, dass wir WIRKLICH im Eismeer sind und WIRKLICH dem Nordpol näher kommen.

Fast 800 Kilometer sind wir in den letzten 24 Stunden nach Norden gerückt, und knapp 100 Kilometer nach Osten, aber die Letzteren genügen, um heute Nacht die

Uhren um eine Stunde vorstellen zu müssen, von der englisch-isländischen Zeit wieder zurück zur norwegisch-deutschen. Immer enger werden jetzt die Längengrade und damit die Zeitgrenzen, bis man dann auf dem Nordpol die Uhr 24 Mal umstellen muss, wenn man sich einmal im Kreis dreht.

Mein Mittagsschlaf ist vorhin zum zweiten Mal ausgefallen, weil wegen des Rohrbruchs auch heute wieder heftig gehämmert und gebohrt wird, auch in der Kabine von Horst, einem unserer vier Eintänzer, der *Gentlemen Hosts*. Ich hatte immer vermutet, dass er eine Art Playboy-Suite bewohnt, wo die Witwen in Etagenbetten gestapelt sind, bis sie drankommen. Als ich vorhin daran vorbeiging, öffnete gerade jemand die Tür und belehrte mich eines Besseren: Es ist eine muffige, fensterlose Winzkammer. Horst saß in Unterhosen auf dem Bett und bandagierte ächzend sein linkes Knie bis hinunter zu den Waden. Klarer Fall von Berufskrankheit. Wahrscheinlich kann er jetzt nur noch auf einem Bein tanzen. Ob davon wohl der Name »Eintänzer« kommt? Vielleicht ist das doch nicht der Traumjob fürs Alter von uns Freiberuflern, die wir nie in die Rentenkasse eingezahlt haben. Ich beschließe, die Arbeit unserer *Gentlemen Hosts* genauer zu beobachten.

Statt des Schläfchens könnte ich jetzt zur Opal-Show in der *Garden Lounge* gehen, auf der ein australischer Händler »ausschließlich Einzelstücke zeigt, da kein Opal dem anderen gleicht«, wie es in der Ankündigung hieß. Aber da will ich allein schon aus Gründen der Sprachlogik nicht hin, denn diese Behauptung ist unhaltbar: Auch Opale, die einander gleichen, sind Einzelstücke. Außerdem ist mir der Kerl unsympathisch bis in die Knochen: ein eitler Lackaffe, der als Einziger beim *Captain's Dinner* einen

Frack trug. Ich lege mich lieber aufs Bett und zappe unter den fünf Programmen des Bordfernsehens rum.

Heute ist übrigens wieder »formelles« Abendessen angesagt, aber diesmal darf ich vorher in der Kabine bleiben, denn meine Frau hat nur noch drei Abendkleider zur Auswahl, da braucht sie beim Auslegen nicht mehr so viel Platz. Ich empfehle ihr, das kürzeste anzuziehen, denn die After-Dinner-Show wird heute von den Mitgliedern der Besatzung bestritten, unter dem Motto »Volkstanz International«. Da ich als *Lecturer* irgendwie dazugehöre, müsse sie mit dem Schlimmsten rechnen: mit mir zu tanzen. Da will ich ihr nicht wieder aufs Kleid treten wie beim Bundespresseball 1996, als wir zuletzt miteinander getanzt hatten.

»Schon wieder?«, sagte sie. »Das ist doch erst sechs Jahre her. Kriegst du denn nie genug?«

LOGBUCH 12. JULI

Magdalenenbucht, Spitzbergen
6°, leicht bewölkt; Barometer 1006
Mitternachtssonne

Bisher sind wir in jener Rinne nordwärts gefahren, die der Golfstrom im Sommer zwischen Grönland und Spitzbergen eisfrei hält. Aber allmählich war seine Wärme verbraucht, die Eisschollen hatten sich vermehrt, und der Kapitän drosselte die Fahrt, denn unser Schiff, erklärte er über Lautsprecher, habe zwar einen soliden Rumpf, aber zwei empfindliche Propeller, mit denen könne man nicht in voller Fahrt durchs Eis pflügen. Und dann wurde er feierlich: »Wir haben den nördlichsten Punkt unserer Reise erreicht, meine Damen und Herren, 80 Grad und 10 Minuten. Von hier sind es nur noch 780 Meilen bis zum Pol. Wir kehren jetzt um, danke.«

Diese Nachricht erschütterte mich zutiefst. Nicht, weil wir umkehren, denn das Leben ist nun mal ein ständiges Abschiednehmen. Sondern weil unser Kapitän ganz offensichtlich keine Ahnung hat. Denn wie jeder weiß, der mal einen Pilotenschein hatte (wie ich) und dafür Prüfungen ablegen musste, darunter im Fach »Navigation«, beträgt der Abstand zwischen zwei Breitengraden konstant 60 Seemeilen. Macht bei 80 Grad nördlicher Breite präzise 600 Meilen bis zum Pol. Wie kommt er bloß auf 780? Hat er die Seemeile mit der englischen Meile verwechselt? Schwer denkbar, denn dann wären das 700 Meilen. Aber vielleicht kann einer, der nicht navigieren kann, auch nicht rechnen? Oder das Ganze ist ein Riesenbetrug: Wir sind erst bei 77 Grad, und er steckt die Reisekosten für drei Grad in die eigene Tasche? Zusammen mit 40 000 Rollen Klopapier? Oder hat er vielleicht gar kein Kapitänspatent und ist in Wahrheit der Schiffskoch, der den echten Käpt'n nach dem Ablegen vergiftet hat, damit er auch mal mit reichen Witwen tanzen kann?

Was tun in einem solchen Fall? Raufgehen und sagen: »Käpt'n, wir haben ein Problem ...«? Wo ich doch gerade erst gestern zum Händeschütteln oben war, bei der Brückenbesichtigung, bei der jeder Passagier eine Kapitänsmütze aufsetzen und sich vor dem Ruder in Pose stellen durfte, vom Schiffsfotografen dokumentiert, für fünfundzwanzig Dollar pro Bild*? Würde man mich als Meuterer verdächtigen und in Ketten legen?

---

* Haben wir nicht gemacht, wo ich doch schon so ein ähnliches Bild habe, mit Käpt'n Blaubär und Hein Blöd, und viel süßer!

Eine neue Durchsage erlöste mich eine Stunde später von den finsteren Gedanken. »Ha-ha-ha«, begann der Kapitän, obwohl er sonst nie lacht, »da habe ich mich aber total verplaudert. Natürlich sind es in der Höhe von 80 Grad nördlicher Breite nur noch 600 Meilen zum Pol, und nicht 780 ... auch wenn die Pole bekanntlich wandern, ha-ha-ha.« Hm, ob er das wirklich selbst bemerkt hat? Oder ob er unsere Kabine abhören lässt und es deshalb weiß, weil ich kurz vorher noch laut und erregt mit meiner Frau darüber geredet hatte?

Spitzbergen ist die größte Insel der norwegischen Svalbard-Gruppe. Hier bleibt die Mitternachtssonne mehr als hundert Tage aktiv, ebenso lang dauert dann die Polarnacht. Bei strahlendem Sonnenschein setzten wir heute Morgen um acht für fünf Stunden Anker in der Magdalenenbucht, einer überwältigend schönen Landschaft, umrandet von schroffen Bergen, zwischen denen die Gletscher, die fast das ganze Innere der Insel bedecken, ins Meer münden, oft ganz dramatisch, mit Abbrüchen, die ständig kleine Eisberge kalben.

Einige Beiboote wurden klargemacht und für den Landgang zu Wasser gelassen. Es war meine erste Fahrt in einem Rettungsboot, und ich muss sagen: höchst komfortabel, alle Achtung. Geräumig, überdacht und heizbar, mit bequemen Sitzen, darunter versteckt zahlreiche mehrsprachig beschriftete Kisten mit Notproviant für den Schiffbruch Erster Klasse, vermutlich vorwiegend Kaviar und Champagner.

Was dann folgte, war eher peinlich, und ich schämte mich hinterher, mitgemacht zu haben, genauso wie ich mich für manche Fernsehsendungen schäme ... aber eben-

Wir lösen uns vom Pier, die Fahrt hat begonnen. Menschenmassen winken zu unserem Abschied vor der Traumkulisse des Hamburger Hafens. Es war noch schöner, als ich es mir vorgestellt hatte.

Rettungsübung voll banger Fragen: Steht mir dieses Rot?
Kann man die blaue Lampe im Wasser als Leselicht benützen?
Und was sind das für Matten, die dahinten gestapelt sind?
Unterlagen für die Särge?

Die beiden Gesichter der Seefahrt. Beste Laune vor dem Galadinner …

… und eine Stunde danach, bei Windstärke 5. Meine Frau sitzt am Ausguck und versucht, mich am Sterben zu hindern, indem sie alle zehn Minuten »LAND!!!« ruft. Aber sie lügt, und ich weiß es.

Der Kapitän und wir. Während der Herr der sieben Meere
schützend den Arm um meine Frau legt, tut sie, als würde
sie seinen Hintern befummeln, klaut ihm aber in Wirklichkeit
die Brieftasche.

Edinburgh: Einer der Kerle ist nicht echt. Vielleicht sogar beide.

Aus 1500 Metern Höhe wirkt das Schiff wie ein kleines Spielzeug.

Wenn man dann näher kommt, wirkt es wie ein großes Spielzeug.

Wenn man davorsteht, erkennt man: »Donnerwetter, es ist echt!«

Kurzweil an Deck: Neptun, der mit dem Dreizack sein Gebiss säubert, und seine Gattin Thetys in Turnschuhen bereiten sich auf die Polartaufe vor, flankiert von der Eisjungfrau und dem Weihnachtsmann, der entweder zu viel Bart hat oder gerade weißen Schaum kotzt.

Unsere Band: Drei von ihnen haben eigene Haare, die vier anderen eine gemeinsame Perücke, die sie abwechselnd tragen. Heute ist der Pianist (vorne links) dran. Sein Hintermann ist angeblich ein illegitimer Spross von Prinz Charles nach einem Seitensprung mit Hans-Dietrich Genscher.

Was bei uns der Zebrastreifen, ist auf Spitzbergen der Eisbär-Überweg. Die Übersetzung lautet: »Achtung, Eisbär kommt immer von hinten!«

Am Fuße des Briksdalen-Gletschers. Würde ich meine Frau loswerden wollen, bräuchte sie nur zehn Jahre so stehen zu bleiben, dann hätte sie der Gletscher verschlungen. Aber wir müssen zurück zum Schiff.

Wegen der vielen Abendkleider, die man auf einer Kreuzfahrt braucht, benötigt man ein paar mehr Gepäckstücke als sonst. Aber lassen Sie sich nicht täuschen: Einige dieser Koffer sind gar nicht von uns.

falls immer erst hinterher. Denn als wir an Land kamen – ein Geröllfeld durchsetzt mit Schneeresten, eine karge, melancholische Landschaft mit so klarer Luft, dass sie beim Atmen fast schmerzte –, standen schon Picknicktische und Feldstühle bereit, ein Buffet war aufgebaut mit Hotdogs und Suppenkessel, und ein Besatzungsmitglied, als Eisbär verkleidet, begrüßte jeden Ankömmling für das gemeinsame Erinnerungsfoto an der nördlichsten Stelle der Welt, an die die meisten von uns je in ihrem Leben kommen würden.

Hier steht übrigens auch das nördlichste Häuschen der Welt, der Unterschlupf für den *Sysselman*, den norwegischen Regierungsbeauftragten, der in den Sommermonaten darüber wacht, dass die Passagiere der dreißig bis vierzig Kreuzfahrtschiffe, die hier zwischen Juni und August ankern, keine Abfälle hinterlassen oder ihrerseits als Abfall betrachtet und von Eisbären gefressen werden. Mit schussklarer Flinte stand er zu unserem Schutz bereit, und als wir wieder wegfuhren, überreichte ihm der Kreuzfahrtdirektor diskret ein großes Fresspaket. Es ist wirklich das einzige Häuschen hier, Toiletten gibt es keine, darauf hatte man uns schon auf dem Schiff warnend hingewiesen – man weiß ja nicht nur auf Island, was alte Menschen brauchen. Dafür gibt es aber auch keinen Ramschladen.

Es bedurfte nur weniger Schritte über das Steinfeld, um ganz allein zu sein. Überall Vögel, die hier ihren Sommerurlaub verbringen, und zwischen den Steinen winzige, gelbe Blümchen, die tapfer, fast rührend, ihr kurzes Leben in der Kälte ertrotzen. Heftiges Möwengeschrei in der Ferne zeigte uns, dass wir doch nicht allein waren: Dr. Gradinger und seine Frau robbten auf dem Boden und suchten seltene Würmer. Kein Wunder, dass sich die Vögel ärgerten, tun sie doch alle dasselbe, und so viele Würmer gibt es hier nicht.

Inzwischen hatte ein zweites Schiff in der Magdalenenbucht Anker gelassen, die »VistaMar«, ein bisschen plump in der Erscheinung neben unserem weißen Traumschiff, dafür aber mit polartauglichen Propellern und angeblich berühmt für den fast wissenschaftlichen Anspruch ihrer Exkursionen. Mitleid erregend hingegen die Beiboote: Die Passagiere mussten auf dem Weg zum Ufer im offenen Schlauchboot sitzen! Um den Anblick von so viel nackter Armut zu vermeiden, schauten wir diskret in die andere Richtung, als sich unsere Wege kreuzten. Bestimmt lagerten in ihren Überlebenskisten nur Zwieback und Wasser.

Dr. Gradinger und seine Frau hätten wir übrigens fast zurückgelassen, weil sie das Signal für die Abfahrt überhört hatten und immer noch am Boden robbten. Aber der Eisbär, der inzwischen seinen Bärenkopf abgenommen hatte, führte zum Glück eine Liste und hatte bei jedem Boot sorgfältig nachgezählt.

Ach so, noch ein Nachtrag zu gestern: Der Volkstanzabend des Schiffspersonals reichte vom spanischen Trallalla bis zum norwegischen Hopsassa und war fast so rührend wie die kleinen, gelben Blümchen zwischen den Steinen, vor allem, als ein Philippino in Lederhosen den bayerischen Rhythmus nicht schaffte, sodass Frau Dorsch mehrmals schreien musste: »JETZT IST ER SCHON WIEDER HINGEFALLEN!« Und unsere sonst so diskrete, zurückhaltende Weinkellnerin entpuppte sich auf der Bühne als Temperamentsbolzen der Sonderklasse. Kennt man ja von der Weihnachtsparty im Büro.

Vorher hatte es den Empfang für die »Club-Mitglieder« gegeben, die *Repeaters*, die schon früher mal Gast auf einem Schiff dieser Kreuzfahrtlinie gewesen waren. Erstaunlich viele, hätte ich niemals vermutet: Mehr als 70 Prozent der Passagiere stellten sich als Wiederholungstäter heraus, darunter als absoluter Champion eine ältere, unauffällige Dame mit insgesamt 1700 Passagiertagen, fast fünf Jahre also war sie unterwegs auf einem Schiff, alles zusammengerechnet. Anderswo bekommt man nach so langer Haftzeit Bewährung, bei uns bekam sie eine stehende Ovation*. Und Champagner satt, wie alle *Repeaters* an diesem Abend.

Eine Schweizerin mit 800 Passagiertagen und im besten Alter (was auf einem Kreuzfahrtschiff bedeutet: unter 70) hatte Ehrung und Champagner so sehr genossen, dass sie später, bei der Volkstanz-Vorführung, die Schmerzgrenze alpenländischer Enthemmung überschritt und jodelähnliche Lustschreie auszustoßen begann, anfangs nur nach den Tänzen, später sogar schon bei deren Ankündigung. Als wir auf dem Weg zum Ausgang an ihrem Tisch vorbeikamen, hielt sie mich am Ärmel fest und jauchzte auf, was ich zunächst als schweizerischen Brunftschrei missverstand, als weibliches Gegenstück zum Alphorn. Aber es war Kritik.

»Deine Lesung war langweilig, keine Stimmung!«, sagte sie laut, aber bedächtig, denn auch ein Vollrausch beschleunigt Schweizer nicht wesentlich. »DAS hier ist Stim-

---

* Ein schlecht übersetzter, aber in unseren Sprachgebrauch übergegangener Begriff, denn nicht die Ovation steht, sondern das Publikum, das sie bereitet. Wo das Englische verknappt, brauchen wir Hilfswörter: »Eine stehend geleistete Ovation« müsste es heißen, aber wie klingt denn das!

mung, oder?« Und zur Bestätigung stieß sie einen weiteren Lustschrei aus, als wäre sie in diesem Moment schwanger geworden. Damit sie meinen Ärmel losließ, versprach ich ihr, beim nächsten Mal richtig die Sau rauszulassen, in der sicheren Erwartung, dass der unweigerlich folgende Kater sie von meiner zweiten Lesung – heute nach dem Abendessen – fern hält.

Und was meine Frau und mich betrifft. Nein, wir haben nicht getanzt, und ich habe ihr deshalb auch nicht das Kleid zerrissen, obwohl sie ihr längstes angezogen hatte. Auch nicht nachher, im Rausch der Leidenschaft, denn schließlich sind wir jetzt fünf Jahre verheiratet. Da nimmt man sich Zeit und zieht sich vorher in aller Ruhe aus. Und jodelt auch nicht. Sondern vergisst, was man vorhatte, und schläft ein.

LOGBUCH 13. JULI

Longyearbyen, Spitzbergen
8°, vorwiegend heiter; Barometer 1011
Mitternachtssonne

Vorhin sind wir mitten im Ort einem Rentier begegnet. Es lief uns einfach so über den Weg.

Die Mitternachtssonne verringert das Schlafbedürfnis ganz enorm, das weiß ich von Alaska. Ich habe in der letzten Nacht nur drei Stunden geschlafen, schlecht noch dazu, mit Albträumen von einem Schiffbruch vor einer kahlen Insel, auf der Frau Dorsch mit meiner schweizerischen Verehrerin Tango tanzte, und ähnlich wirres Zeug. Bestimmt liegt das an der übermächtigen Magnetosphäre Spitzbergens, denn hier treibt sich der Magnetpol herum, stets ruhelos und auf Wanderschaft, weil er weiß, dass er gar nicht hierher gehört: Wissenschaftlich gesehen ist er nämlich der Südpol. Hier spielt der Kompass verrückt und dreht sich wirr im Kreis, und nach der Seemannslegende soll es in dieser Gegend Inseln aus reinem Metall gegeben haben, die einst selbst den tüchtigsten Fahrensmann ins Verderben zogen.

Man soll ja auch gar nicht schlafen in solchen Nächten, denn die Fahrt an der Westküste Spitzbergens ist überwältigend, und man erkennt sofort, warum die Walfänger des 17. Jahrhunderts der Insel diesen Namen gaben: Alle Berge sind steil angespitzt, Gletscher und Geröll dazwischen. Zudem ein Vogelparadies mit den größten und dicksten Möwen, die ich in meinem Leben gesehen habe, mit Papageientauchern, Enten und Rallen. Kein Haus, keine Straße, nur ein paar Gräber von Walfängern als einzige Spur des Menschen. 500 Meter tief reicht hier das ewige Eis des Permafrosts, und hoch oben an der Nordspitze, bei 80 Grad 30 Minuten, liegt das Packeis das ganze Jahr über an. Man könnte von hier trockenen Fußes die letzten tausend Kilometer zum Nordpol wandern. Ein Spanier hat es 1920 sogar mit dem Motorrad versucht, gab aber schon nach fünf Kilometern auf. Na ja, so sind sie nun mal, die Motorradfahrer. Aber angeben auf der Autobahn!

Um acht Uhr morgens legten wir am Pier von Longyearbyen an, der größten Siedlung Spitzbergens: so um die tausend Einwohner, ein Flugplatz und drei Hotels, die es jeden Sommer auf gut 10 000 Übernachtungen bringen, denn man kann von hier aus Gletscher und Berge besteigen, mit dem Kajak in Eisflüssen plätschern, per Schneemobil oder Hundeschlitten das Inlandeis erkunden, alte Kohleminen besichtigen oder, ein weltweit seltenes, aber hier sehr populäres Hobby: Fossilien sammeln. Oder man kann einfach nur allein sein, wenn die Sonne hundert Tage nicht untergeht.

Fossilien wollten wir keine sammeln, davon hatten wir schon genug auf dem Schiff. Also nutzten wir den vierstündigen Aufenthalt zu einem Rundgang. Erst den Uferweg entlang, vorbei an den Lagerhallen für die Steinkohle, dem einst wichtigsten, aber wie überall auf der Welt im Niedergang befindlichen Wirtschaftszweig der Svalbard-Inseln, dann rechts ab, den Hügel hoch, in das Tal des Flusses hinein, der wie die Ortschaft nach dem amerikanischen Kumpel John Munroe Longyear benannt ist, der hier um 1900 die ersten Kohlebrocken aus den Felsen schlug.

Wir kommen beim *Sysselman* vorbei, der hier kein Holzhüttchen hat, sondern einen richtigen Amtssitz, und stehen vor dem Museum. Klein, eng, aber von liebenswert melancholischem Charme: eine Zeugstätte menschlichen Scheiterns. Der Niedergang des Walfangs, die Spuren des alten Bergbaus, die Reste unzähliger Expeditionen, die Neuland suchten und den Tod fanden. Sowie hässliche Zeugnisse unserer eigenen Untaten: 1942, als Norwegen längst überrannt war, meinten die Deutschen, diesen nördlichsten Vorposten der Menschheit bestrafen zu müssen, weil dort noch ein paar Soldaten ausharrten. Im Bombenhagel wurde nicht nur das alte Longyearbyen zerstört, sondern auch der letzte Baum, den es auf Spitzbergen gab. Sein Stumpf steht im Museum, zusammen mit einer der legendären »Enigma«-Maschinen, dem Codiergerät der Deutschen, mit dem sie ihre Geheimnisse in alle Welt schickten, ohne zu ahnen, dass die Alliierten den Code längst geknackt hatten.

Dann bogen wir links ab, über die Brücke zur Ortsmitte, als meine Frau plötzlich stehen blieb und sagte: »Schau, was da ist!«

»Dr. Gradinger und seine Frau?«, fragte ich, weil sie nach unten auf eine sumpfige Wiese zeigte.

»Nein, ein Elch!«

Eines der Geheimnisse unserer funktionierenden Ehe ist die Arbeitsteilung: Meine Frau sieht alles zuerst, aber ich weiß alles besser. Es war nämlich kein Elch, sondern ein Rentier, ein *Rangifer Tarandus*, eine Rentier-Kuh, um genau zu sein, ich hatte eine solche schon mal in Alaska gesehen, in einem Vorstadtgarten von Anchorage.

Ein Weilchen später, mitten in Longyearbyen, lief uns das gleiche Tier nochmals über den Weg, buchstäblich vor der Nase. Wahrscheinlich aus einer Zuchtherde und entsprechend harmlos. Aber das sagt man auch von Kühen, und die fürchte ich mehr als Löwen, seit mich mal so ein Mörderrind als Kind über einen Pinzgauer Berghang gejagt hat.

Richtig gefährlich seien hier nur Vögel, hatte man uns auf dem Schiff gewarnt. Vor allem bei Spaziergängen auf einsamen Wegen müsse man sich in Acht nehmen, wenn man zu nahe an ihren Nestern vorbeikäme: Dann würden sie angreifen, Mützen und Perücken klauen und auf den Schädel hacken. Da sie alle unter Naturschutz stehen, darf man sich nicht zu heftig wehren, denn die Verletzung eines Vogels ist strafbar. Es gibt deshalb nur eine erlaubte Abwehr: ein hoch gehaltener Stock mit Hut drauf, an dem sich die Vögel austoben können, da sie immer nur das oberste Ziel angreifen. Also ähnlich wie damals beim Landvogt Gessler, dessen auf der Stange baumelnden Hut der stolze Wilhelm Tell nicht grüßen wollte. Ob das Ganze vielleicht nur ein sprachliches Missverständnis zwischen Österreichern und Schweizern war und der Landvogt seinen Hut gar nicht als Popanz hingehängt hatte, sondern zur Abwehr von Küssnachter Saatkrähen?

Mitten in Longyearbyen entdecken wir einen Waffenverleih. Obwohl hier nirgends gejagt werden darf. Das ist zum Schutz gegen Eisbären, erfahren wir, für Ausflüge ins Innere der Insel. Hier kann man nicht nur, hier MUSS man fürs Picknick Gewehr samt Munition mieten. Ohne Waffenschein übrigens. Gleich sechs Verleiher gibt es vor Ort, und wer noch nie geschossen hat, kriegt kostenlos eine Einweisung. Wenn sich das bloß nicht bei den al-Qaida-Leuten rumspricht ...

LOGBUCH 14. JULI

Kurs S auf das Nordkap zu
4°, bewölkt und stürmisch; Barometer 1004
Mitternachtssonne

Berauscht von Spitzbergen, benommen von den magnetischen Träumen, hatte ich völlig vergessen, von meiner zweiten Lesung zu berichten, vorgestern Abend.

Sie hatte wieder in der *Garden Lounge* stattgefunden, vor meinem Stammpublikum gewissermaßen: So ziemlich dieselbe Zahl wie letztes Mal, nicht mehr, aber zum Glück auch nicht weniger, trotz der vorangegangenen Polarparty am Strand der Magdalenenbucht. Spätnachts, bei gleißendem Sonnenschein, am Rand der eisigen Inselwelt von Spitzbergen, stand ich vor Leuten, von denen die meisten mindestens »eine Million Dollar Nettowert« hatten, wie man in Amerika so wunderbar simpel seine Mitmenschen beschreibt, und las über eine Inselwelt im Pazifik, gegenunter, auf der anderen Seite der Erde. Ich berichtete über Cargo-Kult, Vulkane und Kannibalismus, über Tabus und Rauschrituale, und tat, als wüsste ich Bescheid, als hätte ich in den zwei Wochen, die wir dort verbrachten, verstanden, worum es da geht, wo ich mich nicht einmal selber verstehe, obwohl ich schon über 60 Jahre mit mir verbringe. Und wieder mal überwältigte mich die Lächerlichkeit meines Tuns, diesmal fast unerträglich verstärkt durch die unsichtbaren Metallberge, die rastlosen Pole und die hartnäckige Sonne, die sich weigert, unterzugehen.

Ich wollte auf der Stelle sterben. Aber weil das nicht so einfach ist, las ich weiter, und so verlief die Lesung wie immer: Man lachte an den richtigen Stellen, und bei der Beschreibung der hochragenden Penisköcher als einziger Männerkleidung begannen, wie gewohnt, die Augen vieler Zuhörerinnen zu leuchten. Nur zu gern hätte ich jetzt den Blick auf meine kritische schweizerische Verehrerin gerichtet, ob sie wohl einen Lustschrei unterdrücken muss. Aber sie war nicht erschienen. Auch dem Abendessen war sie ferngeblieben, und als ich ihr heute an Deck begegnete, schaute sie in die andere Richtung und grüßte nicht zurück. Sie hasst mich dafür, dass ich Zeuge ihrer Peinlichkeit war, und sie ahnt nicht, dass mir das gefällt, weil es mich von meiner eigenen Peinlichkeit ablenkt.

Zum Glück fand meine Lesung im letzten Windschatten von Spitzbergen statt, denn gleich danach, in der Verbindung zwischen Nordatlantik und der russischen Barentssee, wurde das Meer zunehmend rau, und jetzt, auf der Höhe der Bäreninsel, ist es richtig böse geworden: Windstärke 6, Brecher bis zum Hauptdeck, Regentropfen, die einem waagrecht ins Gesicht peitschen, fast auf dem Wasser liegende Wolkenfetzen. Angeblich ist dies das Standardwetter vor dieser 200 Quadratkilometer großen norwegischen Horrorinsel, die nur von Eisbären bewohnt wird und dank ihrer rundum verlaufenden Steilküste kaum zugänglich ist, und angeblich hatten wir Glück. Meist wäre es hier noch viel schlimmer.

Zu gern hätte ich eine dieser Tabletten geschluckt, die man wortlos an der Rezeption ausgehändigt kriegt, wenn man mit grünem Gesicht an den Tresen wankt, denn aus Erfahrung weiß man dort, dass auf Wörter oft der Mageninhalt folgt. Aber es sind Knockout-Pillen, die man da verteilt. Sie helfen zwar sofort, aber man liegt danach mindestens zwölf Stunden apathisch im Bett. Heute Abend aber, um acht, werden wir das norwegische Festland erreichen, und da ist ein mitternächtlicher Besuch auf dem Nordkap vorgesehen. Den will ich bei vollem Verstand erleben. Also habe ich zur Abwehr der Übelkeit den ganzen Vormittag auf dem Promenadendeck verbracht, dick vermummt in einer windgeschützten Ecke.

»Grauenhaft«, sagte Frau Immendorf und setzte sich neben mich.

»Ja, furchtbares Wetter«, antwortete ich und klappte mein Buch zu, denn Frau Immendorf hatte beide meiner Lesungen besucht, und ich bin schließlich Dienstleister hier. Da kann man nicht sagen: »Hau ab, blöde Kuh«, wenn sich jemand ungebeten daneben setzt. Man kann es nur denken.

»Ich meine nicht das Wetter, wir hatten vor der Bäreninsel schon mal Windstärke 8«, korrigierte mich Frau Immendorf, als führe sie täglich durch diese gottverdammte Ecke. »Mit *grauenhaft* meine ich das *Schiff*.«

Frau Immendorf ist eine der vielen reichen Witwen an Bord. Die meisten von ihnen sind Amerikanerinnen, gesellig, pflegeleicht und überschminkt, die am liebsten den ganzen Tag Bingo spielen und auch noch mit achtzig im Teenie-Look zum Tanztee erscheinen. Die deutschen Witwen hingegen sind eindeutig was Besseres: dezent in der Kleidung, vornehm im Auftreten, kulturbeflissen, bösartig und ewig meckernd. Wenn das mit dem Buddhismus stimmt, bin ich wahrscheinlich eine wieder geborene deutsche Witwe.

»Sie meinen, die Überschwemmung heute?«, fragte ich. Vor unserer Tür stand nämlich am Morgen der ganze Gang unter Wasser, aber diesmal nicht wegen eines Rohrbruchs, sondern weil die Stewardess beim Aufräumen einen Hahn nicht geschlossen hatte. Immer noch surren Gebläse und Heizlüfter, denn es stinkt gewaltig, und zwei von den fensterlosen Innenkabinen mussten geräumt werden.

»Ach nein, das passiert schon mal, da gibt es Schlimmeres«, sagte Frau Immendorf. »Ich habe auf diesem Schiff sogar einen Brand überlebt!«

Vor drei Jahren wäre das gewesen, in der Karibik. In der Wäschekammer sei das Feuer ausgebrochen, ein gewaltiger Schaden vor allem durch den Rauch, der sich blitzartig überall ausbreitete. Es gab sogar einen Toten, es war aber kein Passagier, und das Schiff musste an den Haken genommen und nach Jamaika geschleppt werden. Hinterher war eine Komplettrenovierung nötig, und seitdem hat dieses Schiff einen anderen Namen, denn »wer will schon auf einen Kahn, auf dem es mal gebrannt hat?«.

Sie selbst freilich hätte kein Problem damit, sagte Frau Immendorf. »Es war ja kein technischer Fehler, sondern

Brandstiftung. Rache von jemandem von der Besatzung, der sich geärgert hat …«*

Ich beschloss, nie wieder was zu tun, was Besatzungsmitglieder ärgern könnte, und fragte vorsichtig nach: »Was finden Sie hier so grauenhaft?«

»Alles«, antwortete Frau Immendorf mit der gleichen Bestimmtheit wie die Seeräuber-Jenny in der *Dreigroschenoper* auf die Frage, wie viele Köpfe heute rollen sollten. »Alles geht auf diesen Schiffen den Bach runter. Der Service, das Personal, aber vor allem das Unterhaltungsangebot. Nur noch auf die Amis zugeschnitten, nichts als Trallalla mit Zauberern und abgehalfterten Hupfdohlen, ein Clyderman-Verschnitt klimpert Schnulzen, der Kreuzfahrtdirektor imitiert Frank Sinatra und der Sommelier ist aus Indonesien und weiß nicht mal, wie man einschenkt. Und dazu diese grauenhaft primitiven Vorträge!« Ach, du liebe Zeit, meint sie jetzt mich damit?

Nein, zum Glück nicht: »Schauen Sie doch, was die mit *Ihnen* machen! Sie sind gerade mal Lückenbüßer an den Abenden, wenn vorher Landgang war und die Amis sogar fürs Kasino zu müde sind, sodass man ihnen kein Remmidemmi vorsetzen kann. Dann kommen wir Deutschen dran. Haben Sie das nicht gemerkt? Und haben Sie sich

---

* Ich bin jetzt fast sicher, dass mich der Kapitän abhören lässt, denn nur eine Stunde nach diesem Gespräch gab es eine Rettungsübung für die komplette Mannschaft, wahrscheinlich zu meiner Beruhigung: Überall in den Gängen tauchten plötzlich Leuchtstreifen am Boden auf, die zu den Beibooten wiesen, die Aufzüge wurden gesperrt, und mit umgelegten Schwimmwesten kontrollierten Besatzungsmitglieder jede Kabine; ein rotes Band an der Außentür markierte sie als »personenfrei«. Ganz schön aufregend, denn nur drei Türen neben unserer Kabine liegt die Wäschekammer …

gefragt, wer morgen früh zu Ihrer Lesung kommen soll, wo doch heute am Nordkap garantiert die ganze Nacht durchgefeiert wird?« Stimmt, morgen um zehn Uhr habe ich meine letzte Lesung. Skandal!

Aufgestachelt von Frau Immendorfs Empörung bin ich schon unterwegs zur Kabine, um meiner Frau zu verkünden: »Wir packen und reisen ab!«, als mir Frau Neuenfeld in den Weg tritt, eine andere, *noch* reichere deutsche Witwe. Sie lächelt stets freundlich, aber nie persönlich, wie man es eben tut, wenn man mehrere Mietshäuser und eine 400-Quadratmeter-Villa an einem bayerischen See hat (wo sie aber nur selten residiert, weil sie fast immer unterwegs ist) samt Hausdame, Gärtner und Chauffeur. Sie ist eine Dame von Welt, noch gediegener gekleidet als die anderen deutschen Witwen, noch diskreter im Auftreten, noch anspruchsvoller in Bildung und Kultur, aber stets gelassen und sanftmütig. Kein Wunder: Wenn ihr was nicht passt, könnte sie das Schiff kaufen und den Käpt'n feuern, da lässt es sich leicht gelassen sein.

Auch Frau Neuenfeld hatte meine beide Lesungen besucht, und sie mag sogar meine Frau, was die anderen Witwen nur selten tun, weil die mich alle heiraten wollen, und da stört die Ehefrau ja nur. Aber Frau Neuenfeld braucht mich nicht zu heiraten, denn sie ist nie allein. »Ich spüre, dass mein Mann auf meinen Reisen immer dabei ist«, gestand sie mir bei der Ausfahrt aus Longyearbyen mit liebevollem Blick nach oben. »Er schiebt für mich die Wolken weg.« Zwar schien Herr Neuenfeld gerade mit Jauchzen und Frohlocken beschäftigt zu sein, denn es tobte immer noch dieser eklige Sturm, aber immerhin: Zum Landausflug hatte die Sonne geschienen.

»Ich werde mir künftig jedes Ihrer Bücher kaufen«, sagt sie jetzt, und ich bin überwältigt. Mein Lebensabend ist gesichert, und ich verspreche ihr, ab sofort monatlich eines zu schreiben.

Ob meine Frau auch mal so eine Witwe wird? Mit dem toten Mann im Reisegepäck und so viel Herz für junge Dichter? Gefiele mir nicht schlecht, und ich beschloss, nach meinem Tod auf ihren Reisen ebenfalls die Wolken wegzuschieben ... auch wenn es aller Wahrscheinlichkeit nach Schwefelwolken sein werden. Nur die 400-Quadratmeter-Villa am bayerischen See mit Hausdame, Gärtner und Chauffeur fehlt uns noch. Aber vielleicht klappt's damit in ihrer nächsten Ehe. Ich werde selbstverständlich auch dann noch schieben, zusammen mit meinem Nachfolger.

Hoffentlich kommt morgen jemand zu meiner letzten Lesung ...

LOGBUCH 15. JULI

Seetag, Kurs S entlang der norwegischen Küste
7°, neblig-trüb; Barometer 1002
kein Sonnenaufgang, Sonnenuntergang 0:20

Frau Immendorf hatte Recht. Kein Schwein ist zur Lesung gekommen. Gerade mal dreißig Leute. Peinlich. Wir hätten wirklich vorher abreisen sollen, gleich gestern, oben auf dem Nordkap. Standen ja etliche Autos aus Deutschland auf dem Parkplatz, eins sogar aus Duisburg, gar nicht weit weg von zu Hause.

Wie kann man auch nur so bescheuert sein, für zehn Uhr vormittags eine Lesung anzusetzen, im großen Kinosaal noch dazu, wenn die Leute erst um zwei Uhr nachts vom Landausflug zurückkommen und anschließend eine Fete geschmissen wird? Wenn ich das bloß vorher gewusst hätte! Hiermit beschließe ich, NIE WIEDER auf einem Schiff Lesungen zu halten.

Das Ekelwetter der Bäreninsel hatte sich gestern in den letzten hundert Seemeilen vor dem Festland beruhigt, Europa schien uns willkommen zu heißen. Das Abendessen wurde schon eine Stunde früher serviert (»leger«), und zum Nachtisch, Punkt acht, ankerten wir in der Bucht von Skarsvag. Mit unseren edlen Beibooten wurde ein Shuttle-Service eingerichtet, am Pier wartete schon die Buskolonne für die Nordkap-Tour. 69 Dollar pro Person, ein bisschen viel für nichts als eine Busfahrt von gerade mal 50 Kilometern hin und zurück, aber dafür ohne Klo-Stopp, und das ist ja auch was wert … dachte ich wenigstens, bis wir vor dem Zelt angeblicher Ureinwohner hielten, der Samen oder Lappen*. Es war natürlich ein Ramschladen, ohne Klo, dafür aber mit Rentier, mit dem man sich gegen eine Spende** gemeinsam mit dessen Besitzer fotografieren lassen konnte. Wir hielten nicht mal fünf Minuten, weil diese dummdreiste Albernheit selbst den Süchtigsten unserer amerikanischen Souvenirjäger zu viel war.

Eine halbe Stunde dauerte unsere Fahrt ans Ende Europas, hinauf auf das gewaltige Felsplateau in 300 Metern

---

* Bei diesen Namen wird in Deutschland unweigerlich gekichert. Bitte gehen Sie mit gutem Beispiel voran und tun Sie das wenigstens jetzt nicht. Es gibt vier Unterarten: die See-, Fluss-, Wald- und Berglappen, je nach ihrem Lebensraum. Die Waschlappen gehören nicht dazu, die sind wir selbst.
** »Samenspende«, könnte ich jetzt kalauern, mache ich aber nicht (siehe vorhergehende Fußnote).

Höhe. Erst seit 50 Jahren gibt es auch dieses allerletzte Stück der Straßenverbindung über die ganze Länge Norwegens, nur kurz vor dem Ziel braucht man immer noch eine Autofähre, da das Kap auf einer vorgelagerten Insel liegt. Vorher war das Schiff die einzige Verbindung hierher, und den Steilweg musste man mühsam zu Fuß erklimmen.

Am Ende aller Wege ist immer ein Parkplatz, wahrscheinlich auch vor dem Eingang zur Hölle. Bestimmt haben die norwegischen Behörden jahrelang darüber gegrübelt, wie sie damit umgehen sollten: einerseits eine karge, empfindliche Landschaft zu schützen und gleichzeitig Zehntausende Autos im kurzen Sommer unterzubringen, die hier stehen bleiben MÜSSEN, weil Europa einfach nicht mehr weitergeht. Die Lösung ist originell, wahrscheinlich sogar brillant, aber im Ergebnis schrecklich.

Der Parkplatz muss sein. Aber er ist so geschickt angelegt, dass selbst Doppeldeckerbusse aus dem Blickfeld verschwinden, wenn man nur ein paar Schritte geht. Dann ist man in der freien Natur, denn alles andere, die Restaurants, die Ramschläden, die Toiletten, die Besuchermassen, ist unsichtbar innen im Fels versenkt. Über vier Stockwerke tief hat man eine Bunkerstadt geschaffen, schaurig, aber sinnvoll. Man wandert durch Schächte und Korridore, im Kinosaal sieht man in Mehrfachprojektion und auf Breitwand, wie schön es draußen ist, alle vier Jahreszeiten alle dreißig Minuten, für jeweils 200 Zuschauer. Wir marschieren an Schaukästen vorüber, in denen das alte Walfängerleben dargestellt ist, und wundern uns über die vielen Thailänder, die hier ehrfurchtsvoll fröstelnd durch die Betonröhren schleichen, bis wir hinter einer Biegung auf ein kleines Museum für den thailändischen

König Bhumipol stoßen, Rama IX., der vor vier Jahrzehnten hier zu Besuch war.

Irgendwann, nach all diesen Gängen, Röhren und Treppen, steht man dann plötzlich wieder im Tageslicht, aber nicht im Freien, sondern in einer überdimensionalen Halle, deren Nordwand ganz aus Glas besteht, direkt aus dem Felsen gebrochen, der fast senkrecht ins Meer fällt. Hier kann man sich ins Restaurant setzen oder ins Café oder einfach nur an der Glasscheibe stehen und die Sonne bewundern, die sich mit Hilfe von Herrn Neuenfeld selig pünktlich eine Stunde vor Mitternacht aus den Wolken befreit hat. Und man könnte es sogar genießen, trotz der tausend Menschen rundherum, wäre da nicht diese schreckliche, unerträgliche Musik. Natürlich ist es schön, ja, bewundernswert, wenn sich Ureinwohner, statt Ramschläden zu betreiben, zu einer Musikantengruppe formieren und »Yesterday« von den Beatles spielen ... aber nie zuvor hatte ich diese liebliche Schnulze so grauenhaft falsch gehört. Nicht einmal von meiner Frau, wenn sie Klavier spielt.

Fast hätten wir die Mitternachtssonne verpasst, denn auf dem Weg zum Ausgang wollten wir eine Ansichtskarte kaufen. Und dann steckten wir fast eine Stunde lang im Ramschladen fest, in der Schlange vor der einzigen Kasse, weil der Computer ausgefallen war und die gute Kassiererin aus hundert Währungen der Welt mit Bleistift und Papier die richtigen Summen errechnen musste. Dazu schrillte nach jedem Kunden die Diebstahlswarnung, und aus der Ferne hörten wir »Yesterday« in der Rentier-Fassung. Wieder einmal war ich in einer der vielen Kammern, die in der Hölle für mich vorbereitet werden ...

Draußen, in der ebenen, baumlosen Heidelandschaft des Hochplateaus, vergisst man schnell, dass man über den Köpfen einer Bunkerstadt wandelt. Und so erlebten wir gerade noch rechtzeitig die Mitternachtssonne auf dem Nordkap. Bei wolkenlosem Himmel, in voller Pracht. Die letzte dieser Reise. Heute wird die Sonne kurz nach Mitternacht zum ersten Mal seit vier Tagen wieder untergehen.

LOGBUCH 16. JULI

Wechselnder Kurs vor den norwegischen Fjorden
11°, neblig-trüb; Barometer 1002
Sonnenaufgang 3:28, Sonnenuntergang 23:04

Jeden Tag feiert mindestens einer auf unserem Schiff Geburtstag, was ja bei 572 Passagieren statistisch zwingend begründet ist: 1,57 Geburtstage sind täglich fällig. Es passiert beim Abendessen, nach dem Hauptgang. Dann wird der Saal verdunkelt, der Schlagzeuger fetzt einen Tusch, und eine feierliche Prozession schlängelt sich durch die Tischreihen: Musiker, Kreuzfahrtdirektor mit Gefolge, Servierpersonal und Koch mit hochgehaltener Torte und brennenden Wunderkerzen, dazu Luftschlangen (aber kein Konfetti, weil das immer den Champagner versaut), und der ganze Saal singt »Happy Birthday«. Licht an und Nachtisch.

So war es jedenfalls in den ersten Tagen. Inzwischen singen nur noch die unmittelbaren Tischnachbarn, und viele verschweigen ihren Geburtstag, weil die Prozedur ebenso lästig wie peinlich ist. Gestern allerdings gab es einen besonderen Anlass, und da sang der ganze Saal wieder aus voller Kehle: ein Kindergeburtstag. Sind ja ohnehin nur zwei kleine Kinder an Bord, und weil sie so brav und lieblich sind wie in der Werbung, haben sie das auch verdient.

Sonja, unsere Servierdame, ist eine Grazer Frohnatur und hat die Eigenschaft, einen in die Rippen zu boxen, wenn man sie zum Lachen bringt. Meinen Hang zum Wortspiel hat sie mir dadurch gestern schmerzhaft ausgetrieben. Denn als sie ankündigte, dass es zum Hauptgang Farfalla gäbe, und ich sie fragte, ob man dabei das Farfalla-Datum beachten müsse, kriegte ich einen Boxhieb, der mich fast vom Stuhl fegte. Na klar, sie kommt ja aus der gleichen Ecke wie Arnold Schwarzenegger. Dafür ließ sie uns nachher, als meine Frau wieder mal am Nachtisch rumnörgelte, von Toni, dem Wiener Konditor, den besten Kaiserschmarrn der Welt anfertigen. Und weil wir gerade bei den Rekorden sind: Beim Mittagsbuffet gab es heute das beste Risotto der Welt. Das löste zwar fast eine Ehekrise aus, da meine Frau die Herstellung des besten Risottos der Welt bisher für sich beanspruchte, aber wir einigten uns auf einen Kompromiss: Ab jetzt gibt es ZWEI beste Risotti der Welt.

Inzwischen haben wir das Nordkap umrundet, mit Südkurs an Hammerfest vorbei, der nördlichsten Stadt Europas, wo einst die Straße endete, und sollten jetzt die zerrissene Fjord-Landschaft zwischen dem norwegischen Festland und seinen vorgelagerten Inseln genießen. Aber dort läge dichter Nebel, ließ der Kapitän uns wissen, und wir mussten hinaus aufs offene Meer.

Dieses offene Meer ist mein Todfeind. Sofort begann es elend zu schaukeln, die ganze Nacht über, und wieder einmal rettete mich nur meine Lieblingsvorstellung, tot zu sein, vor dem Sterben. Zum Frühstück zwinge ich mir den englischen Überlebensbrei hinein, einen Teller Porridge mit Honig, danach muss ich mich noch mal für drei Stunden hinlegen. Als ich aufwache, hat sich das Meer beruhigt und die Sonne scheint. Vielleicht hat das Risotto deshalb so köstlich geschmeckt. Die erste Mahlzeit nach der Wiedergeburt.

Das Schöne am Theater ist, dass man sich nach dem Verbeugen durch den Hinterausgang schleichen kann und den Zuschauern nicht in die Augen schauen muss. Auf dem Schiff ist das Ausweichen schwierig, da muss man sich verstecken, wenn man Angst vor dem Publikum hat. Aber jetzt, da meine Lesungen bewältigt sind, bin ich mutiger und wage mich unter die Leute.

Gestern, nach dem Tee, war ich im Ballsaal beim Bingo. Hundert lustige Witwen hocken dort über ihre Zettel gebeugt, kaum ein Mann unter den Spielern. Les und Helena, die Spielführer, sagen mit monotoner Stimme Zahlen an und machen bei jeder einen Reim. *»Number ten – strikes Big Ben«*, zum Beispiel, oder: *»Here comes seven – way to heaven.«* Besonders poetisch wird es, wenn die Ziffer 2 kommt, denn da diese wie eine schwimmende Ente aussieht, wird sie auch als solche benannt: *»Two for duck.«* Und da dies noch kein Reim ist, geht es weiter mit: *»Duck makes quak.«* Der Höhepunkt kommt, wenn die 22 gezogen wird. *»Double duck«*, sagt dann der Spielführer, und das komplette Mumienballett von hundert lustigen Witwen jubelt im Chor: *»Quak-quak!«*

Nebenan, in der *Garden Lounge*, findet am frühen Abend der Tanz-Cocktail vor dem Dinner statt. Das ist das Reich der *Gentlemen Hosts*, unserer vier Edelrentner, die in gleichen Anzügen mit gleichen Krawatten den allein reisenden Damen als Tanzpartner zur Verfügung stehen, jeweils eine Stunde vor und nach dem Essen. Endlich kann ich sie in Ruhe beobachten und ihre Spielregeln kennen lernen.

Regel Nummer eins: nur EIN Tanz pro Lady, dann zur nächsten wechseln, bis alle drangekommen sind. Zweite Regel: Während der Arbeitszeit darf sich ein *Host* nicht setzen, auch dann nicht, wenn er gerade keine Partnerin hat; er muss immer stehend tanzbereit sein. Und die dritte: Nur jene Damen dürfen aufgefordert werden, die vorher durch Blickkontakt und Nicken Paarungsbereitschaft signalisiert haben. Getanzt wird im Übrigen brav und ordentlich, niemals eng und schmusig, auch wenn man sich mit *Honey, Doll* und *Darling* anredet.

Groß war der Andrang am Nachmittag nicht, die Hauptarbeit kommt immer erst nach dem Essen. Aber immerhin. Ein gutes Dutzend beschwingter Amerikanerinnen – europäische Frauen sind einfach nicht unbefangen genug, diese ehrsame sportliche Dienstleistung in Anspruch zu nehmen – saß an Einzeltischen und amüsierte sich köstlich. Grund für den Spaß: John, der vierte *Host*, war zu spät gekommen, und das Tanztrio spielte bereits, als er in den Saal schlich. Da ich immer gewillt bin zu lernen, wenn wo gelacht wird, habe ich die Unterhaltung protokolliert.

MARTIN: »John hat verschlafen.« (Lacher der Damen)
JOHN: »Ich war müde.« (Lacher)
HORST: »Hast du wenigstens schön geträumt?« (Großer Lacher)
JOHN: »Ja. Von dir!« (Brüller)

Ich war richtig neidisch, weil ich weiß, was für harte Arbeit es ist, ein paar Leute zum Lachen zu bringen oder gar einen ganzen Saal. Und diese Kerle haben mehr Erfolg als Karl Dall und Mike Krüger zusammen. Obwohl sie lange nicht so gut aussehen.

Im Bordkino gab es gestern *Topsy-Turvy*, einen Spielfilm über Gilbert & Sullivan, die beiden Meister der englischen Operette aus der zweiten Hälfte des 19. Jahrhunderts, die in der Übersetzung leider jeden Charme verliert und bei uns trotz vieler Versuche nie angekommen ist. Ich selbst mag dieses kitschige Zeug ganz und gar nicht, wollte aber immer schon mehr über die beiden wissen und verschwieg deshalb meiner Frau, dass der Film mit zwei Stunden 40 Minuten eine wahrscheinlich nicht zu ertragende Länge hatte. Wie üblich, fragte sie schon nach kaum einer Stunde: »Dauert's noch lang?«, und wiederholte danach die Frage im Zehn-Minuten-Abstand, beruhigte sich aber allmählich, da sie in der DDR geboren wurde und deshalb die Kunst beherrscht, bei öden, aber unvermeidlichen Vorträgen abzuschalten und trotzdem an den richtigen Stellen zu klatschen. Als ich merkte, dass sie mitzuklatschen begann, wenn im Film jemand applaudierte, wusste ich, dass sie sich in Trance befand. Ich rüttelte sie in die Wirklichkeit zurück, und wir gingen knapp nach der Hälfte. Wir waren ohnehin so ziemlich die Letzten, die meisten waren schon vor uns abgehauen. Einfach ein schlechter, langweiliger Film.

Später, im Bett, hielt ich ihr einen Vortrag über den Unterschied der Wiener und der englischen Operette am Beispiel von *Fledermaus* und den *Piraten von Penzance*, doch wurde schnell ein Selbstgespräch daraus, da sie schon bei der Ouvertüre einschlief. Aber selbst im Schlaf klatschte sie an den richtigen Stellen.

LOGBUCH 17. JULI

Hellesylt und Geirangerfjord
11°, heiter; Barometer 1012
Sonnenaufgang 4:20, Sonnenuntergang 22:55

Allein der heutige Tag hatte die Kreuzfahrt gelohnt. Er wog jede Qualstunde der Seekrankheit auf, die Schaukelkabine an der falschen Stelle des Schiffes, die überteuerten Touren, meine dumm angesetzten Lesetermine und sogar die Dinnermusik der polnischen Band.

Ich protokolliere heute ausnahmsweise am Abend, munter und aufgekratzt trotz einer neunstündigen Landtour, für die ich sogar mein Mittagsschläfchen geopfert habe. Schon am frühen Morgen, kurz hinter der Inselstadt Alesund, sind wir in den Storfjorden eingedreht, den Großen Fjord, dann weiter in den Sunnylusfjord, und um acht fiel der Anker vor Hellesylt. Wer sich wie wir für die Ganztagstour (125 Dollar pro Person) entschieden hatte, wurde per Beiboot an Land gebracht, dann fuhr das Schiff ohne uns weiter, um uns am späten Nachmittag im Geirangerfjord wieder aufzunehmen.

Ich bin ein Kind des Wasserfalls. Von meinem Geburtsort Zell am See sind es nur wenige Kilometer nach Krimml, wo das Salzachtal endet und die größte Kaskade Mitteleuropas in drei mächtigen Stufen herunterstürzt. Unzählige Male stand ich staunend darunter, erst vor kurzem bin ich wieder die ganzen 500 Meter bis nach oben geklettert. Hier, in den norwegischen Fjorden, gibt es noch viel höhere, wildere. Über kahle Felsen stürzen sie so tief, dass sie unten oft nur als Sprühnebel ankommen. Die schönsten haben wir vorhin bei der Ausfahrt gesehen, die berühmten »Sieben Schwestern«, mit dem »Friaren«, ihrem

Verehrer, schräg gegenüber auf der anderen Seite des Fjords. Und der erste Wasserfall, den wir bei Hellesylt bewundert hatten, hat sogar Literaturgeschichte gemacht: Hier ließ sich Henrik Ibsen zu seinem wuchtigen Versdrama vom Pfarrer Brand inspirieren, seinem ersten großen Theatererfolg. Gleich daneben das nächste Naturwunder: Hornindalsvatn, ein durch eine Felsbarriere vom Meer abgetrennter Fjord, der zum See geworden ist, mit 500 Metern der tiefste Europas.

Diesmal haben wir eine gesprächige Reiseleiterin im Bus. Norwegen hat vier Millionen Einwohner, berichtet sie uns, die Ortschaft Geiranger aber nur 251. Weil sie selbst eine davon ist, vergisst sie, dass wir was über die Gegend lernen wollen, und erzählt uns lieber Privates: Dort war das Elternhaus, da hinüber ging sie zur Schule, drüben wohnt immer noch der Onkel, und ganz oben hatte Opa seine Schafe. Als sie schließlich durch ist mit den Verwandten, legt sie eine Kassette mit ihrer Lieblingsmusik auf. Ich befürchte das Schlimmste, aber es ist die Holberg-Suite von Grieg, die die Landschaft, durch die wir fahren, besser beschreibt, als es je ein Reiseleiter könnte.

Wir fahren einen Berghang hoch, bis sich das Tal verengt und man nur noch zu Fuß vorankommt. Nicht mal eine Stunde marschieren wir weiter, dann stehen wir an der Mündung eines Gletschers, der im Sonnenlicht in hundert Farben funkelt. Wer Zeit hat, könnte jetzt Wanderungen machen, den Briksdal-Gletscher hinauf, Steigeisen und Führer stünden bereit. Aber Schiffe warten nicht.

Mit dem Bus geht es über eine andere Straße weiter nach oben, über eine enge Passstraße mit tausend Kurven, weit über die Baumgrenze hinaus, auf ein Plateau, 1500 Meter über dem Meeresspiegel – diesmal keine abstrakte

Höhenangabe, sondern *wirklich* über dem Meer: Senkrecht geht es nach unten, das stahlblaue Wasser spiegelt die umgebenden Berge, und mittendrin, weit weg und ganz winzig, unser Schiff.

Ein Zyniker soll sich nicht als Dichter versuchen, seine Poesie klänge nur gequält und heuchlerisch. Die beschreibenden Adjektiva, die Glücksmomente, die Gefühle da oben habe ich deshalb in meinem Herzen eingeschlossen. Schauen Sie sich diese Landschaft, verdammt noch mal, selbst an. Sie wird Ihr Leben reicher machen.

Gestern Abend war »Offiziersball in Schwarz und Weiß«. Ich überlegte schon, dafür meine weiße Smokingjacke einzusetzen, aber dann erschien mir das doch zu affig und ich blieb bei meinem schwarzen Bauchquäler. Meiner Frau empfahl ich, das schwarze Witwenkleid anzuziehen, das ich ihr mal aufgezwungen hatte und das sie eigentlich bei jeder Reise dabeihaben sollte, für den Ernstfall. Aber sie hatte es nicht mit und entschied sich für Weiß mit Glitzersprenkeln.

Zum Abendessen hatte sich der Ballsaal in einen Schwarzweiß-Film verwandelt, nur die Köpfe einiger Millionäre mit Bluthochdruck sorgten für ein paar rote Farbtupfer. »SIEHT SEHR EDEL AUS!«, schrie Frau Dorsch schon beim Hinsetzen, und der Saal nickte ihr zustimmend zu.

Punkt 22 Uhr der Einzug der Schiffsoffiziere, die sich in ihren Galauniformen wie Admiräle fühlten, aber wie Türsteher wirkten. Für den Eröffnungstanz des Kapitäns kam natürlich nur eine Würdige in Frage: die *Repeater*-Queen, die Kabinenkönigin mit den insgesamt fünf Passagierjahren. Danach waren die Offiziere in der Pflicht, die Liste der Vielschifferinnen abzutanzen, aber nur, soweit es sich um Witwen und allein reisende Damen handelte. An Verheiratete durfte ausschließlich der Kapitän Hand anlegen, darunter auch meine schweizerische Kritikerin, die sich drall und eng an ihn drückte, ohne aber diesmal zu jodeln.

Nach den Pflichttänzen folgte die Damenwahl. »DAMENWAHL«, schrie auch Frau Dorsch, und alle Herren duckten sich aus Angst, jetzt gleich von ihr aufgefordert zu werden. Aber sie griff sich nur ihren Mann. Und als mich meine Frau unter dem Tisch gefunden hatte, musste auch ich aufs Parkett.

Und so tanzten wir in diesem schleichenden Passgang müder Gäule, der die erste halbe Stunde jeder gepflegten Seniorengala beherrscht, bevor man dann in der Mischung von Suff und Psychopharmaka durchdreht und zu hopsen beginnt, bis der Arzt kommt, im wahren Sinn des Wortes. Dabei lächelten wir, wie es sich für feine Leute gehört, und als meine schweizerische Todfeindin vorbeigeschoben wurde, strahlte ich sie boshaft an. Aber sie blickte durch mich hindurch und tat, als würde ich gar nicht existieren. Ach, wenn sie doch Recht hätte!

LOGBUCH 18. JULI

Bergen, 16°, meist heiter, Barometer 1009
Sonnenaufgang 4:46, Sonnenuntergang 22:35

300 Tage im Jahr soll es in Bergen regnen, aber Herr Neuenfeld, der Wolkenschieber, hat gute Arbeit geleistet: Nur ein paar Schäfchenwolken hat er zurückgelassen, die den blauen Himmel noch blauer und die bunte Häuserfassade am Hafen noch bunter färben.

Bergen ist die zweitgrößte Stadt Norwegens und die schönste Skandinaviens, wenn man sich ihr vom Wasser nähert. »Niedlich« und »putzig« sind die Beschreibungswörter, die einem beim ersten Anblick in den Sinn kommen, und sie sind keineswegs abwertend gemeint: Die roten, gelben, braunen, weißen Holzhäuschen, die sich oft windschief aneinander lehnen, wirken vor dem üppig bewaldeten, steil ansteigenden Berg im Hintergrund wie ein Puppenbild. Liebevoll restauriert allesamt, und deshalb so schmuck und herausgeputzt, wie sie es in ihrer hanseatischen Vergangenheit, als noch Alt neben Neu und Reich neben Arm stand, ganz bestimmt niemals waren.

Sieben Stunden waren für Bergen eingeplant, und fünf Touren standen zur Auswahl: »Wandern auf dem Floyer-Berg« (37 Dollar), »Bergen einst und jetzt« (47 Dollar), »Besuch und Konzert im Hause Edvard Griegs« (65 Dollar), »Bergen aus der Luft« (235 Dollar) sowie »Bergens Kunstschätze« (nicht zustande gekommen wegen mangelndem Interesse, kein Wunder auch: Was sollen wir zu Munch pilgern, wo wir jede Menge Dalís an Bord haben). Wir entschieden uns für eine sechste Variante: »Bergen zu zweit und zu Fuß« (null Dollar).

An den Bryggen, dem Kai am alten Hafen, wartete – ebenso putzig wie die Häuser – eine schienenlose Bimmelbahn, die uns in offenen Holzwägelchen durch die Gassen Bergens schleppte, hinauf auf den Hang bis zur oberen Wohngrenze. Dort stiegen wir aus und bummelten den gleichen Weg wieder zurück. Bergen hat zwar 200 000 Einwohner, ist aber im Kern so kompakt, dass man auf diesem Weg an fast allem Sehenswerten vorbeikommt – außer Troldhaugen, Griegs prächtiger Zuckerbäckervilla am See samt Zierpark und eigenem Konzertsaal. Es ist eben doch ein Vorteil, wenn man in seinem Land der *einzige* große Komponist ist. Bei uns, wo die Musikgötter seit Jahrhunderten in Rudeln auftreten, ist damit schon seit Wagner Schluss. Aber dafür haben wir die Künstlersozialkasse.

Direkt am Hafen befindet sich der Fischmarkt, der inzwischen gänzlich auf uns Touristen abgestimmt ist. Wir reagierten mit überlegenem, ablehnendem Kennerlachen, als uns an jedem Stand »norwegischer Kaviar« angeboten wurde, die Dose für fünf Euro. Auf so einen Ramsch fallen wir nicht rein! Aber je näher wir dem Schiff kamen und je mehr Touristen wir sahen, die Tüten mit norwegischem Kaviar trugen, desto dünner wurde unser Lächeln. Ob wir wieder mal dabei waren, das Beste zu versäumen?

Am letzten Stand kauften wir sechs Dosen norwegischen Kaviar.*

Abschiedsstimmung liegt in der Luft. Überall dringende Hinweise, sich die Gepäckanhänger in der richtigen Farbe abzuholen, je nachdem, wohin die Reise nach der Ausschiffung weitergeht. Denn morgen ist Packtag, und alle großen Koffer müssen zum Einsammeln bis Mitternacht vor der Kabinentür stehen. Deshalb ist für das morgige Abendessen »leger« angesagt. Heute hingegen zum letzten Mal »formell«, zur Abschiedsparty des Kapitäns. Weil nur noch ein Abendkleid übrig ist, wird sich die Garderoben-

---

* Sie müssen deshalb nicht nach Bergen fahren. Es ist derselbe Fischrogen wie der so genannte »deutsche Kaviar« bei uns im Supermarkt, und wenn Sie Zitrone drüber träufeln, geht die Farbe ab und bleibt als schwarze Soße auf dem Teller ...

zeit meiner Frau um eine gute Stunde verkürzen. Das mehrmalige »Ich nehm doch lieber das andere«-Umziehen entfällt.

Vorhin, bei der Ausfahrt aus Bergen, belauschte ich an Deck ein Dreiergespräch: Frau Immendorf und zwei andere deutsche Witwen, deren Namen ich nicht kannte. Es ging um das Trinkgeld.

»Eine Frechheit, eine Zumutung«, schimpfte Frau Immendorf. »Da schreiben sie, dass die Höhe des Trinkgeldes uns selbst überlassen sei, und gleichzeitig setzen sie pro Person und Tag elf Dollar auf die Rechnung, mit dem Hinweis: Wer damit nicht einverstanden ist, braucht nicht zu zahlen.«

»Stimmt«, sagte die schlanke, hoch gewachsene Siebzigerin, die wir »Marlene Dietrich« nennen, weil sie schon zum Frühstück in engen, seitlich geschlitzten Gewändern auftritt und an Deck einen Schlapphut trägt, »und peinlich noch dazu! Am liebsten würde ich überhaupt kein Trinkgeld geben bei dem lausigen Service, den die uns bieten, aber ich habe keine Lust, mich an der Kasse dumm anschauen zu lassen, noch dazu, wenn andere Leute rumstehen und das mitkriegen.«

»Mir ist das egal, von mir kriegen sie nichts«, rief die dritte Person, der wir den Spitznamen »Pina Bausch« zugedacht hatten, weil sie sich beim Tanzen immer so komisch verrenkt, und Frau Immendorf schlug vor: »Am besten, wir gehen gemeinsam zum Zahlmeister. Da ist das dann auch nicht peinlich.«

Aha, hier wurde wieder mal ein TV-Verein gegründet, ein Zusammenschluss der Trinkgeld-Verweigerer. Es ist ein altes, leidiges Problem auf Schiffsreisen, und ich hatte schon viel darüber gehört. Lange Zeit war es üblich gewesen, das Trinkgeld als festen Betrag in der Rechnung der Bord-Extras zu verankern, aber weil es so viele Beschwerden gab, kehrt man inzwischen nach und nach zur Freiwilligkeit zurück – was aber auch nicht so recht funktioniert, da viele Superreiche nie in ihrem Leben mit Bargeld zu tun haben und deshalb gar nicht wissen, was man damit anfängt. Erst gestern hatten wir beim Abendessen darüber geredet. »VON MIR KRIEGT JEDER WAS!«, hatte Frau Dorsch geschrien, und die Leute am Nebentisch waren erschrocken zur Seite gerückt, weil sie dachten, sie redet von einer ansteckenden Krankheit.

Wie wohl Frau Neuenfeld damit umgeht? Leider kann ich sie nicht fragen, denn sie ist heute früh abgereist. Per Zug nach Oslo, und von dort mit dem Flugzeug über Frankfurt nach Venedig, wo sie heute Abend ihre nächste Kreuzfahrt antritt. Ins Schwarze Meer. Hoffentlich ist ihrem himmlischen Gatten diese Route zu kompliziert, und er reist ihr erst morgen auf direktem Weg nach. Dann könnte er sich vorher um anständiges Wetter für unseren letzten Seetag kümmern.

Strahlend schien die Sonne, als wir Punkt 17 Uhr Bergen verließen. Fast alle Passagiere standen achtern steuerbord* an Deck, um diese Traumkulisse noch einmal zu genießen. »BERGEN IST SCHÖN!«, schrie Frau Dorsch, und wir alle nickten.

---

* hinten rechts

LOGBUCH 19. JULI

Seetag, Kurs S auf Dover
14°, stürmisch bis Windstärke 7; Barometer 1003
Sonnenaufgang 4:29, Sonnenuntergang 21:04

Der unselige Herr Neuenfeld ist doch schon gestern mit seiner Witwe abgehauen. Mit der Einfahrt in die Nordsee hatte sich das Wetter dramatisch verschlechtert: Windstärke 7 zeigte die Beaufort-Skala heute Vormittag, das sind Böen bis zu 60 Stundenkilometern. »Steifer Wind«, sagen die Seebären in gewohnter Untertreibung dazu, aber für mich war das ein brüllender, alles vernichtender Orkan. In das wilde Rauf-runter-Schaukeln, das schon ab Windstärke 4 meinen Lebenswillen dämmt, mischte sich ein unregelmäßiges Hin-und-her-Kippen, und ich wurde unendlich seekrank. Vielleicht nicht ganz so akut wie damals zwischen Neapel und Stromboli, aber dafür anhaltend, endgültig und hoffnungslos. Ich muss daher gestehen, dass dies kein originaler Eintrag im Logbuch ist, sondern eine spätere Bearbeitung, als ich längst wieder zu Hause war. Die echte Logbuch-Seite unseres letzten Seetags ist unbrauchbar – nur ein paar schwer leserliche Wortfetzen, sowie testamentarische Hinweise und getrocknete Kotze.

Da ich mich schon zu Reisebeginn so gründlich mit dem Kapitän ausgesprochen hatte, mogelten wir uns beim gestrigen Abschied an der Audienzschlange vorbei – ein Erinnerungsfoto hatten wir ja schon von der ersten Begegnung. Zielstrebig steuerten wir unseren Tisch an, wo auch die Dorschs schon saßen. Sie hatten ebenfalls auf ein Abschiedswort mit dem Käpt'n verzichtet, denn: »DER HÖRT OHNEHIN NICHT ZU!«, schrie Frau Dorsch. »Das ist gar nicht möglich, bei Ihrer Stimmkraft«, hätte ich fast gesagt, unterließ es aber. Warum soll ich boshaft sein? Die beiden waren 17 Tage lang wunderbare Tischnachbarn gewesen, zurückhaltend, unaufdringlich und in sich gefestigt, und da sie nicht mal den üblichen Austausch von Adressen vorschlugen, hatte ich sie in mein Herz geschlossen: Freunde fürs Leben, die man nie mehr wieder sieht. Meine Lieblingskategorie.

Ich bin kein Genießer, sondern ein ungeduldiger Gierfraß, und empfinde deshalb Galadinner als besonders heimtückische Art der Folter. Wie immer hatte ich schon bei der Hauptspeise vergessen, was es zum Anfang gegeben hatte, doch der Nachtisch wird mir ewig im Gedächtnis bleiben: das gigantische Eismeer-Eisbomben-Feuerwerk.

Der Saal wurde verdunkelt wie beim Geburtstagsständchen, und zu den Klängen einer leicht polnischen Version von »When the Saints go marchin' in« zogen unsere Scheinheiligen aus Küche und Keller ein, das gesamte Servierpersonal vereint mit den Köchen, die märchenhafte Dessert-Kreationen schleppten und hoch über den Köpfen eine Eislandschaft trugen, aus der ein Vulkan sprühte. Dazu Wunderkerzen und die Fahnen aller Nationen, die an Bord vertreten waren, allen voran unsere fröhliche Servierdame Sonja aus Graz, die die deutsche Fahne schwenkte und deshalb besorgte Blicke unter uns Ängstlichen auslöste, ob vielleicht Jörg Haider ein Staatsstreich gelungen war, während wir ahnungslos im Eismeer dümpelten. Aber der allgemeine, redlich verdiente Jubel, den nicht mal die Stimme von Frau Dorsch übertönen konnte, vertrieb schnell solche düsteren Visionen.

Es folgte »That's dance«, die Galarevue unserer Showtruppe, die wir aber leider vorzeitig verlassen mussten, da mir die zunehmende Unruhe des Meeres die Freude an den langbeinigen, diesmal nicht als Elche verkleideten Showgirls verdarb. Und so wankte ich wieder mal durch die Gänge unseres Schiffes, gestützt auf meine sich geduldig in Alterspflege übende Frau, und wäre fast über Dr. Gradinger gestolpert, der wie immer samt Gattin auf dem Boden robbte. Doch suchten sie diesmal keine Mikroben, sondern ihre Kofferschlüssel.

Genau 5417 Seemeilen werden wir bis zur Ankunft in Dover insgesamt zurückgelegt haben, fast 10 000 Kilometer oder ein viertel Mal um die Welt in sechzehn Tagen. Mit dem Flugzeug ginge das in zehn Stunden. Und nach der Quantentheorie könnte man schon dort sein, bevor man überhaupt abgereist ist. So viel über die Relativität der Zeit. Wie aber sieht es aus mit der Relativität des Geldes?

Ich habe mir oft überlegt, wie die Reise wohl verlaufen wäre, wenn ich nicht als *Lecturer* kostenlos an Bord gewesen wäre, sondern wenn wir dafür bezahlt hätten, zwischen 10 000 und 40 000 Euro für uns beide. Wären wir in einen Freudentaumel geraten über so viel Luxus? Oder in einen Nörgelrausch wie Frau Immendorf? Oder wären wir gar dem Zwang erlegen, alles auszukosten und abzuhaken, was uns an Bord geboten wurde, weil man ja schließlich dafür bezahlt hat? Hätte ich trotz Seekrankheit sieben Mal am Tag gegessen? Und vielleicht sogar mit den *Gentlemen Hosts* getanzt, weil das doch *auch* im Preis inbegriffen war?

Was haben wir doch alles versäumt! Nie waren wir morgens mit Danielle an Deck, beim Po-Training, Powerwalking oder Step-Aerobic, nie beim Sticken mit Melanie. Wir haben weder das Computerzentrum besucht, wo ein richtiger Lehrgang angeboten wurde, samt Teilnahmezeugnis am Schluss, noch den täglichen Kaffeeklatsch mit Schach und Kartenspiel. Wir waren kein einziges Mal im Schönheitssalon, obwohl dieser täglich von 7 bis 20 Uhr für uns offen stand, und versäumten deshalb sowohl die Parfümberatung mit Nathalie als auch ihren Frisurtipp »Farbe, Schnitt, Locken«. Nicht einmal den Innenpool unten im C-Deck und den Fitnessraum gleich daneben kennen wir aus eigenem Erleben. Und auch nicht die Miniklinik vom Onkel Schiffsdoktor.

Nie haben wir nach dem Frühstück zu den ausgelegten Kreuzworträtseln gegriffen und nie erschienen wir zur Weinprobe um Viertel vor elf. Kein einziges Mal haben wir »Dem Chefkoch auf die Finger geschaut: ein Küchenbesuch am Vormittag«, und auch beim Motivationstraining, drei Mal die Woche, waren wir nie dabei, obwohl es verlockende Themen gab wie »Ärger mit dem Ärger« oder »Neu programmiert für ein neues Jahrtausend«. Ja, sogar die ökumenische Sonntagsmesse samt Kapitänspredigt haben wir geschwänzt.

Wir haben niemals Bingo gespielt, und wenn auf dem offenen Meer, außerhalb der Hoheitsgewässer, das Spielkasino öffnete, haben wir keinen der 28 Einarmigen Banditen angefasst und uns auch niemals zum Black Jack, Roulette oder »Ozean Poker« an den Spieltisch gesetzt. Nicht einmal an der Bar hockten wir dort, trotz täglich wechselnder Spezialcocktails wie »Eisbär« (Bacardi, Midori, Orangensaft, Zitronenmix) oder »Nordsee Brise« (Doornkat, Orangen-/Preiselbeer-/Ananassaft).

Bei den Treffs der Freimaurer, Rotarier, Lions und Kiwanis war unser Fernbleiben zwar durch Nichtmitgliedschaft entschuldigt, aber bei der »Passagier-Talentshow«

hätten wir eigentlich mitmachen müssen, wo ich doch Hitler so gut nachmachen kann. Aber dort fehlten wir ebenso wie bei den Viererteams von »Erkennen Sie die Melodie« und »Erkennen Sie diesen Bluff« mit Les und Lucian, denn das wäre ja auch nicht fair gegenüber den anderen gewesen, angesichts meiner gigantischen Ratefuchs-Erfahrung bei »Was bin ich?«.

Wir waren nie in der Bibliothek, da wir auf den Reisen ohnehin immer viel zu viel eigene Bücher mitschleppen und nie zum Lesen kommen. Und auch nicht in der Schiffsboutique, wo man auf hoher See zollfrei einkaufen konnte. Bei der Opal-Show mit Ringen, Uhren und Goldketten, der Luxusversion einer Kaffeefahrt, hatten wir ebenso gefehlt wie bei den vielen Kunstauktionen, auch wenn bei der letzten mit »Schlussrabatten bis 80 Prozent« gelockt wurde und sich einer der amerikanischen Passagiere rühmte, 14 Meisterwerke für lumpige 25 000 Dollar erworben zu haben, ideal für sein neues Haus in Sun City, Arizona.

Kein einziges Mal waren wir im Piccadilly Club oben auf dem Promenadendeck, wo jede Nacht ab halb zwölf der Bär steppte, von Disko über Dixie bis zur Ein-Mann-Show mit dem Motto »Unser Kreuzfahrtdirektor auf den Spuren von Frank Sinatra«. Und leider fehlte ich auch beim Vortrag eines kreuzfahrterfahrenen Mitpassagiers (923 Seetage) mit dem Thema: »Wie man an Bord Tagebuch führt«, sonst wäre dieser Bericht bestimmt besser geworden.

Ich war auch bei keiner »*Singles Party* mit Klaviermusik«. Auch nicht heimlich, wenn meine Frau schon schlief.

LOGBUCH 20. JULI

Flughafen London Heathrow, Lufthansa Senator Lounge

Bestimmt war es ein seekranker Papst gewesen, der damit angefangen hat, festen Boden zu küssen.

Als ich heute aus dem Drogenschlaf der Hammerpillen von Ricardo, dem Concierge, aufwachte, waren wir bereits fest am Pier von Dover vertäut. Mit dem Bus sind wir zum Bahnhof gefahren, von dort mit dem Zug nach London, Victoria Station, und weiter mit dem Bus zum Flughafen Heathrow, alles reibungslos organisiert. Und als Gipfel des Reiseglücks: Unsere Koffer waren ebenfalls da.

Jetzt warten wir auf LH 4649, den Flug nach Frankfurt, und weil ich beim Schreiben seufze, fragt mich meine Frau, was ich wohl hätte. »Nichts«, sage ich, aber das ist gelogen. In Wahrheit habe ich eben beschlossen, nicht nur nie wieder auf einem Schiff eine Lesung zu halten, sondern nie wieder überhaupt ein Schiff zu besteigen, und ich schwöre das hiermit.* Obwohl die Reise spannend war, reich an Eindrücken und Anregungen, mit Erlebnissen, die ich nicht missen möchte. Eigentlich eine meiner interessantesten Reisen überhaupt.

Und irgendwie auch schön.

---

* Im April 2004 unternahm Herbert Feuerstein eine zehntägige Kreuzfahrt ins Schwarze Meer. Als »Lecturer«. – Der Verlag

THAILAND

Das Grauen* lebt

Um es kurz zu machen: In Thailand hat mich Godehard Wolpers, der Produzent und Regisseur meiner Reisefilme, zweimal vorsätzlich in Lebensgefahr gebracht. Gleich zu Beginn unserer Arbeit warf er mich am Stadtrand von Bangkok zusammen mit Stefan, dem Kameramann, in eine Schlangengrube, in der zwei Dutzend hochgiftiger Kobras lauerten; Stefan durfte wenigstens Gummistiefel anziehen, ich aber war in Shorts und Sandalen. Und am letzten Drehtag schlug Wolpers abermals zu: Am Strand von Phuket gab er einem Mädchen den Auftrag, mich zu Tode zu massieren.

Bei der Wahl meiner Mitarbeiter bin ich ein hartnäckiger Anhänger der Seilschaft und hätte es, wäre ich in der DDR tätig gewesen, dort bestimmt sehr weit gebracht. Denn Leute, mit denen ich zusammengearbeitet habe, egal ob erfolgreich oder nicht, wähle ich immer wieder, selbst wenn es Reibungen gegeben hat. Das liegt aber nicht daran, dass ich meine alten Mitarbeiter so sehr liebe, sondern vielmehr daran, dass ich keine Lust habe, neue kennen zu lernen.

Für diesen siebten Film meiner neunteiligen Reihe, nur mühevoll mit Hilfe von Kumpanei, Erpressung und Intrigenspiel beim WDR durchgeboxt, waren wir in der alten Seilschaft-Besetzung nach Thailand gereist: Godehard Wolpers, der Chef**, Stefan Simon, der alles sehende, nie

---

* Wolpers
** An dieser Stelle muss ich immer lachen. Auch noch beim zehnten Überlesen.

zuhörende Kameramann, und Erik Theisen, der drahtige, wortkarge Assistent und Tonmann. Obwohl seit unserem letzten Film fast zwei Jahre vergangen waren, schien es uns, als hätte es nie eine Unterbrechung gegeben, und wir begannen die Arbeit in gewohnter Routine: Erik kämpfte mit Wackelkontakten, Stefan trug noch dieselbe Hose wie beim ersten Dreh in Alaska, und ich stritt mit Wolpers und drohte, abzureisen.

Trotzdem war es anders als sonst, denn alle bisherigen Reiseziele kannte ich kaum oder gar nicht. Genau so wollte ich sie dem Zuschauer vermitteln: neugierig, aber unbedarft, und staunend wie jeder andere Tourist, der zum ersten Mal ankommt. Deshalb habe ich die Vorbereitungen immer allein Wolpers überlassen und vorher nicht mal den Drehplan gelesen: Im Zustand der Unschuld wollte ich Neuland betreten. Man sollte spüren, dass ich keine Ahnung hatte und bereit war, mich überraschen zu lassen. Das war aber diesmal unmöglich. Denn Thailand könnte beinahe meine zweite Heimat sein ... wenn ich denn eine erste hätte.

Seit 1976 bin ich fast jedes Jahr in Thailand gewesen, manchmal nur ein paar Tage als Sprungbrett für Reisen in andere Länder Asiens oder nach Australien, oft aber auch ein paar Wochen für längere Rundreisen. Inzwischen kenne ich das Land vom Mekong bis Hat Yai, vom Drei-Pagoden-Pass bis zur Grenze nach Kambodscha, und ich habe über die Jahre hier mehr Freundschaften geschlossen als jemals zu Hause ... nämlich drei: mit Nu, dem Werbefilmer, den ich als *MAD*-Zeichner kennen gelernt hatte, als er noch in Stuttgart Kunst studierte, und der – als Sohn eines Generals – mir so viel Einblicke in das Familienleben der Thailänder im Allgemeinen und der Privilegierten im Besonderen bot; dann mit Chet, dem melancholischen Fotografen und Lebenskünstler, der stets in den feinsten Hotels wohnte, aber nie auch nur einen Baht in der Tasche hatte, weil er für seine Werbefotos immer nur mit Hotelgutscheinen bezahlt wurde; und schließlich mit Cimi, dem Journalisten, der seine Magisterarbeit über Robespierre geschrieben und daraus sein Lebensfazit gezogen hatte: »Sie gehören alle geköpft«, war jedes Mal sein Schlusssatz, wenn wir über Politik redeten.

Wie soll ich da unbefangen bleiben und fremde Themenvorschläge schlucken, wo ich doch mehr weiß, als im Reiseführer steht. So habe ich zum Beispiel noch nirgendwo gelesen, dass Thailand zwar der größte Reisexporteur Asiens ist, aber der König selber kaum Reis isst, weil dieser als unfeines Arme-Leute-Essen gilt und bei Hof nur selten serviert wird … ABER ICH WEISS DAS!*
Und da soll ich mich plötzlich von ahnungslosen Ignoranten belehren lassen? Kein Wunder, dass ich mit Wolpers in Thailand heftiger stritt als bei jeder anderen Arbeit. Heftiger, und eigentlich pausenlos.

Um fair zu bleiben: Kein Wunder daher, dass er mich ruhig zu stellen versuchte und am dritten Drehtag in die Schlangengrube warf. Denn der Biss der Kobra lähmt bekanntlich auf der Stelle, das wusste Wolpers noch aus seiner Jugendzeit, da er mal nach eigener, stolzer Schilderung ein Terrarium mit Skorpionen und Taranteln besessen hatte. Wahrscheinlich, um sie zu essen.

Ich war schon ein paar Tage vor dem Team in Bangkok angekommen, um mich im Garten des alten, inzwischen

---

* Hat mir (beim Klebereis-Nachtisch) eine ehemalige Hotelchefin erzählt, die später als Hofdame im Dienst der königlichen Familie stand.

für immer verschwundenen *Interconti*-Hotels (später mehr darüber) an die feuchten 35 Celsius-Grade zu gewöhnen, die nun mal im März hier Standard sind. Bei der Gelegenheit wollte ich außerdem die bösen Geister besänftigen, die bestimmt schon darauf lauerten, unsere Arbeit zu stören. Denn bei allem aufgeklärten Buddhismus als Staatsreligion ist Thailand – wie ganz Südostasien – tief im Animismus verankert: Jeder Baum gilt als beseelt, Geister bewohnen jedes Grundstück, und wehe dem, der baut, ohne eine eigene Behausung für die unsichtbaren Mitbewohner zu errichten. Wobei es wichtig ist, dass das Geisterhaus an einer Stelle steht, auf die niemals, zu keiner Tages- oder Jahreszeit, der Schatten des eigenen Hauses fällt.

Ein paar hundert Meter weiter, im prunkvollen *Erawan*-Nobelhotel, hatte man vor fünfzig Jahren genau diesen Fehler gemacht: Der Bau wurde begonnen, ohne dass man die Geister korrekt umgesiedelt hatte. Da wurden sie zornig und verursachten eine endlose Serie von Unfällen, bis die Ursache erkannt war und das richtige Geisterhaus an der richtigen Stelle stand. Heute ist der Erawan-Schrein mit dem vierköpfigen Buddha an der Kreuzung Ploenchit und Ratchadamri das wohl bekannteste Geisterhäuschen des Landes, eine Wallfahrtsstätte rund um die Uhr, für Einheimische ebenso wie für Touristen, wo man mit Blumengirlanden und Opfergaben um Glück bittet und ganz besonders um die Abwehr des Bösen. Ich habe deshalb vorsorglich an jeder der vier Seiten Buddhas drei Räucherstäbchen und eine Kerze entzündet, aber es hat nichts genutzt: Wolpers kam trotzdem am nächsten Tag aus Deutschland.

Natürlich klappte zunächst gar nichts. Der für den Filmbeginn geplante Panoramablick von einer Baustelle in

150 Metern Höhe, wo gerade der neueste Wolkenkratzer Bangkoks fertig gestellt wurde, erwies sich »aus Sicherheitsgründen« als unzugänglich, obwohl Wolpers einen ganzen Tag lang dem Bauherrn hinterhertelefoniert und nach jedem Gespräch strahlend verkündet hatte: »Er hat zu 99 Prozent zugesagt!« Und auch ein Hubschrauber war nicht aufzutreiben, obwohl Wolpers schon vor Beginn der Reise ständig mit einem Fax wedelte, in dem unser lokaler Aufnahmeleiter angekündigt hatte, es wäre »mit größter Wahrscheinlichkeit« möglich. Natürlich habe ich ihn immer wieder aufgeklärt, dass in Asien »99 Prozent« und »mit größter Wahrscheinlichkeit« nichts anderes ist als die höfliche Umschreibung von »NEIN!«. Aber er hat mir nicht geglaubt. Na schön, ich hätte es ihm vielleicht leiser sagen können, ohne den Zusatz »Arschloch«. Aber er glaubt mir ja nicht mal, wenn ich im normalen Ton mit ihm rede ...

Aber warum 150 Meter Baugerüst klettern, wenn es auch mit 150 Zentimetern geht? So hoch nämlich war das Podest des Verkehrspolizisten in der Mitte einer Kreuzung der alten Charoen-Krung-Straße im Chinesenviertel, auf dem ich dann doch meinen Panorama-Aufsager über *Krung Thep* los wurde, über die »Stadt der Engel«, wie die Thailänder Bangkok nennen, gefolgt von einem Dutzend weiterer Beinamen, die ich feierlich ablas, während mich Stefan mit artistisch balancierter Kamera auf dem Rücksitz eines Motorrads mehrfach umkreiste. Das fand ich ziemlich lustig ... bis mich Wolpers selber auf das Motorrad befahl. Denn das Motorrad ist das billigste und schnellste Taxi der Stadt, aber auch das wildeste und gefährlichste, und das wollte er im Film unbedingt am lebenden Beispiel dokumentieren.

Ich bekam einen Sturzhelm aufgeschraubt – natürlich nicht zum Schutz, sondern aus Geiz, weil hinter jeder Ecke Verkehrspolizisten lauern und von Unbehelmten Strafgeld kassieren –, und dann brausten wir durch die Gegend. In Schlangenlinien zwischen den Autos durch, manchmal auch gegen den Verkehr, zur Abkürzung ein bisschen Bürgersteig ... und rote Ampeln gelten für Motorradfahrer sowieso nicht. Das Ganze dazu noch so schnell, dass wir Stefan, der in ein Auto umgestiegen war, ständig verloren und deshalb die Höllenfahrt mehrmals wiederholen mussten. Ich hatte Motorräder schon immer gehasst; in meiner Rangordnung des Abscheus waren sie bisher gleich hinter Bühnenkollegen gekommen, die vor der Vorstellung Knoblauch essen. Seit Bangkok sind sie ein paar Stellen vorgerückt und stehen jetzt auf Platz zwei, gleich hinter dem deutschen Schlager.

Der anschließende Besuch einer klassischen Tanzschule für Kinder kam zwar zustande, erwies sich aber leider als unbrauchbar für unseren Film. Denn wenn es auch ganz niedlich und süß aussah, wie sich die fünfjährigen Mädchen wie graziöse Tempeltänzerinnen fühlten, aber wie aufgescheuchte Hühner durch die Gegend flatterten, waren sie gleichzeitig so ernst und feierlich bei der Sache, dass das Ganze wie eine Parodie wirkte. Und damit habe ich ein Problem, denn bei allem Zynismus ist es mir lieber, wenn über *mich* gelacht wird, nicht über die anderen, und erst recht, wenn es um fremde Kulturformen geht ... wobei ich mich nicht besser machen will, als ich bin. Denn ich habe mir genug Entgleisungen erlaubt, die dieser Regel krass widersprechen; meine Haltung ist daher weniger Prinzip als Absichtserklärung. In dieser Tanzschule aber blieb ich ihr treu und wies den Versuch von Wolpers, selbst beim *Khon*, dem traditionellen Maskentanz, mitzumachen, entschieden zurück. Wäre ohnehin nichts geworden, denn das Affenkostüm, das er für mich anschleppte, war für einen Zehnjährigen und damit eine Nummer zu klein. Aber für Zwölfjährige hatten sie keins.

Also wechselten wir zum nächsten Drehort mit ähnlichem Thema, und da hat es dann endlich geklappt: in eine thailändische Grundschule, wo ich mit den anderen Kindern Lesen und Schreiben lernen sollte.

Thailändisch gehört zur sinotibetischen Sprachfamilie und ist wie das Chinesische von einsilbigen Sinnwörtern geprägt, deren Bedeutung von Tonhöhe und Satzstellung abhängt. Wer das mal beherrscht, behauptet gewöhnlich, dass Thai wegen seiner geringen Grammatik eigentlich recht einfach sei. Wer sich damit aber zum ersten Mal abmüht, wird unweigerlich zur Lachnummer. Denn nichts hört sich für Thailänder offenbar komischer an als der Versuch eines *Farangs* – der thailändischen Verformung von *foreign*, also eines Ausländers aus der »weißen«, europäisch-amerikanischen Welt –, ein paar heimische Sätze zu sagen.

Das Hauptproblem liegt in der Sprachmelodie. Sie brauchen zum Beispiel nur das Wort *maa* falsch zu betonen, und schon haben Sie nicht gefragt »Kommst du mit?«, sondern »Bist du ein Hund?«. Jedenfalls schrien die Schulkinder vor Vergnügen und Schadenfreude, als ich an der Tafel stand und Tonhöhen übte. »*Baa-baa-baa-baa-baa*« skandierte ich wie ein Schaf auf dem Höhepunkt seiner Brunft, denn dieses *baa* heißt ja alles Mögliche, von »Dschungel« bis zu »Großvater«, je nachdem, ob mit aufsteigender, absteigender, hoher, normaler oder tiefer

Stimme gesprochen*. 36 Vokale gibt es für diese fünf Stimmhöhen, dazu noch 42 bis 44 Konsonanten ... so genau weiß das inzwischen niemand mehr, denn auch hier fand kürzlich eine Rechtschreibreform statt, die genau wie unsere nach Vereinfachung strebte, aber Verwirrung stiftete.

Mit der technischen Beherrschung der Sprache allein ist es aber nicht getan, habe ich mir sagen lassen, man muss auch mit ihr umgehen können. Denn wie fast alle Länder Asiens hat auch Thailand ein kompliziertes Geflecht von Rangordnung und Höflichkeit im Umgang miteinander, voller Gefahren von Beleidigung und Gesichtsverlust. Während man bei uns die eigene Bedeutung durch eine gerümpfte Nase und verächtliche Blicke dokumentiert, lächelt man in Thailand und demütigt lieber mit sanften Wörtern. »Der weiß nicht, wen er vor sich hat«, war ein Standardsatz von Nu, dem Generalssohn, wenn wir unterwegs waren und er mit einem Fremden sprach. Er sagte dies übrigens ohne jede Arroganz, sondern mit der Selbstverständlichkeit des Anspruchs nach den Regeln der Wiedergeburt: Wäre er in seinen früheren Leben ein schlechter Mensch gewesen, wäre er heute nicht Sohn eines Generals. Sondern ein niederes Tier oder gar ein Wolpers.

Deshalb klopfen Thailänder bei der Begegnung mit Fremden als Allererstes vorsichtig die Rangordnung ab. Vom neuen Geschäftspartner will man nicht die politische Einstellung erfahren oder das Bikinibild seiner Freundin sehen, sondern wissen, was er verdient. Geld ist das wich-

---

* Deutsches Klangbeispiel für aufsteigend-absteigend-hoch-normal-tief, wenn Sie es laut vor sich her sagen: »Name?« – »Wolpers.« – »Huch.« – »Stimmt.« – »Schlimm.«

tigste Kriterium in der Standesleiter. Und wenn sich herausstellt, dass man selbst den deutlich höheren Rang einnimmt, spricht man mit seinem Gegenüber gleich ganz anders. Ein bisschen wie einst bei uns in der Feudalzeit, als man Bedienstete noch in der dritten Person anredete: »Hol Er sich den Lohn, Er ist entlassen.«

»Welchen Fehlschlag plant Er heute?«, fragte ich, thailändisch lächelnd, Wolpers am dritten Drehtag beim Frühstück. Er grinste deutsch zurück und schleppte mich auf eine Schlangenfarm.

In den Reiseführern steht meistens nicht allzu viel über die Giftschlangen Thailands, denn sie kommen hauptsächlich in Sümpfen und Reisfeldern vor und jagen Frösche, keine Touristen. Die Einheimischen sehen das anders: 400 Tote durch Schlangenbisse zählt die Statistik jedes Jahr, meist verursacht durch die wendige, gelbschwarze *Krait* und die Brillenschlange, das Spielzeug der Fakire, die hier als Königskobra bis zu vier Meter lang werden kann. Schlangenfänger ist deshalb vor allem im flachen Reisland ein wichtiger, angesehener Beruf. Zu Zeiten der Aussaat, wenn die Felder unter Wasser stehen, ist er mit Netz und Hakenstock im Dauereinsatz, und seine Beute wandert entweder in den Kochtopf oder wird an die nächste Schlangenfarm verkauft, sowohl als Touristenattraktion als auch zum Abmelken des Giftes, um daraus Antiserum zu gewinnen, das einzig mögliche Gegenmittel.

Knapp zwei Stunden dauerte die Fahrt zur Schlangenfarm inmitten der Reisfelder nordöstlich von Bangkok. Eine eher kleine Anlage: ein paar Dutzend Käfige mit den verschiedenen Nattern und Vipern, und in der Mitte eine Betongrube von acht mal acht Metern, etwa 150 Zentimeter tief. Da drin lagen sie, zwei Dutzend Kobras aller Größen, auch Königskobras darunter, eingerollt wie Lakritzstangen, in stummer Starrheit, dem Anschein nach friedlich und harmlos.

»Sie sind satt, man kann ohne weiteres zu ihnen runtersteigen«, übersetzte Dieter, unser örtlicher Aufnahmeleiter. Und zum Beweis kletterte einer der Halbwüchsigen, die hier als Wärter arbeiteten, in die Grube, bloßfüßig, aber doch in respektvollem Abstand zu den Bestien. zweihundert Milligramm Gift können sie mit einem einzigen Biss durch ihren Hohlzahn in die Wunde spritzen, fünfzehn Milligramm davon reichen für den sicheren Tod. Im Vergleich dazu bringt es unsere süße, kleine Kreuzotter gerade mal auf zehn Milligramm, zudem mit viel schwächerer Giftigkeit: Sieben Mal müsste sie zubeißen, damit man einigermaßen verlässlich stirbt.*

Stefan hatte die Kamera ausgepackt und zog sich Gummistiefel an. Vorsichtig, wie ich ihn sonst gar nicht kenne, stieg er in die Schlangengrube und folgte genau den Anweisungen des Jungen, der ihm andeutete, wo er jeweils stehen müsste. Und dann drehte sich Wolpers langsam zu mir und blickte mich an.

Es ist ein Blick, den die Weltgeschichte bestens kennt. Varus hat seine Legionen so angeblickt, in der Mor-

---

* Ich habe mal eine Kreuzotter gefangen, als ich noch am Waldrand in Unterfranken wohnte. Sie war etwa 60 Zentimeter lang, und ich entdeckte sie, als sie im Garten meinen Freunden, den Fröschen, auflauerte. Ich zog mir zum Schutz einen Friesennerz an, dazu dicke Arbeitshandschuhe, und tatsächlich gelang es mir, sie mit einem Stock in den vorgehaltenen Eimer zu treiben. Dann trug ich sie in den Wald und setzte sie jenseits eines Baches wieder aus. Ich habe ungebissen überlebt.

Feuerstein in Thailand: oben mit Schlange, unten als Schlange.

Die beiden wichtigsten Regeln beim Ritt auf einem Elefanten durch den Dschungel lauten: Erstens, man braucht einen erfahrenen Führer, der das Tier im Fall der Gefahr jederzeit unter Kontrolle hat. Zweitens, man sollte sich mit dem Elefanten vorher über die Richtung einigen.

Sie sehen: Mich in südthailändischer Tracht in der Inselwelt vor Phuket. Sie sehen nicht: Wolpers, der unter Wasser das Boot festhält. Er kann zwei Minuten lang die Luft anhalten. Ich habe drei Minuten geredet.

Falsch

Mit diesen Latschen darf man nicht in den thailändischen Königspalast.

Richtig

Sandalen, mit Riemen verschnürt. Da kommt königliche Freude auf.

Ungewöhnliche Reaktionen von Frauen bei meinem
Erscheinen bin ich gewohnt. Doch die langen Hälse hatten
die beiden schon vorher.

Bilder vom verlorenen Hotel-
paradies, dem schwarzen Schwan
und dem dummen Huhn finden
Sie hinten auf der letzten Bildseite.
An dieser Stelle wäre das zu traurig.

gendämmerung am Rand des Teutoburger Waldes, und Nero seine Gladiatoren, als sie im Kolosseum noch beim Schminkmeister in der Maske saßen. Und mit dem gleichen Blick reichte Japans teuflischer General Tojo seinen Kamikaze-Piloten den Flugplan für Pearl Harbor. Hätte mich eine Kobra angeblickt, so hätte man sagen können, es wäre das hypnotische Schlangenauge gewesen, das angeblich das Kaninchen zwingt, direkt in den aufgesperrten Rachen zu marschieren. Aber es war Wolpers, der vor mir stand, keine Kobra, kein Dämon, sondern Godehard Wolpers aus Hannover, mein Produzent und Regisseur. Warum lachte ich ihm nicht in die Fresse und sagte: »Geh doch selber, du Wichser!«

Stattdessen wurde ich wieder mal zur Seniorenausgabe von *Jackass*, dem Idiotenstunt von MTV: Ich stieg tatsächlich hinunter in die Schlangengrube. Freiwillig, in Sandalen und kurzen Hosen.

Schon in den letzten Büchern hatte ich mehrmals die Frage gestellt, warum ich das mache. Bestimmt nicht, um die Welt zu beeindrucken – dazu habe ich Bankauszüge und Jaguar. Und noch weniger aus Gleichmut und Tapferkeit, denn ich bin ein bekennender Feigling. Wahrscheinlich ist es die Illusion des Kamera-Rotlichts, das vorgaukelt, man wäre gar nicht echt, sondern eine körperlose Magnetspur, längst auf Band und im Kasten. »Ist ja nur Fernsehen«, sagt man sich und erfährt eine merkwürdige Art von Realitätsverlust: Man wird zur virtuellen Person, wenn die Kamera läuft, und fühlt sich damit immun gegen jegliche Gefahr.

Dabei war die Szene, die wir drehten, völlig sinnlos und kommt deshalb im Film gar nicht vor. Denn ich stehe da wie eine Salzsäule und rede von tödlichen Bestien, aber die liegen nur reglos rum und sehen aus wie dunkle, getrocknete Kuhfladen. Gut, Wolpers mühte sich redlich: Er schnitt Grimassen und tanzte am Grubenrand rum, in der Hoffnung, die Schlangen zum Angriff zu reizen. Aber sie züngelten nicht einmal. Als ich zu schäumen begann, flackerte in ihm zwar kurz Hoffnung auf, ich wäre gebissen worden – aber sie war vergeblich, denn ich schäume *immer*, wenn ich länger mit Wolpers zu tun habe. Das Antiserum, das man schon vorsorglich angeschleppt hatte, kam ungebraucht zurück in den Erste-Hilfe-Kasten.

Vergebliche Mühe, verschwendete Zeit. Nicht einmal beweisen kann ich diese Szene, weil Wolpers, der sonst von jeder Lächerlichkeit tausend Standfotos schoss, kein einziges Bild gemacht hatte. Natürlich nicht: Er war ja viel zu beschäftigt damit, Schlangen gegen mich aufzuhetzen, wie hätte er da fotografieren sollen.

Zum Abschied, damit unser Ausflug nicht ganz umsonst sein sollte, ließ er mich in fünf Meter Würgeschlange einwickeln, was zwar dramatisch aussieht, aber eher harmlos ist, vorausgesetzt, es stehen ein paar kräftige Männer bereit, um das Tier nach Gebrauch wieder abzuwickeln. Wenn Sie aber allein im Regenwald sind, sollten Sie das lieber unterlassen, denn die Python beherrscht einen fiesen Trick: Sie windet sich zärtlich um Taille und Rippen und atmet gewissermaßen mit Ihnen mit; jedes Mal, wenn Sie einatmen, zieht sich die Schlange ein wenig zusammen, bis Sie nicht mehr ausatmen können, und wenn Sie schließlich verzweifelt nach Luft japsen und Ihr Bauch dadurch ganz dünn wird, passt sie sich sofort mit ihrer Umklammerung an … und das war dann gewöhnlich das letzte Mal, dass Sie von einem lebendigen Wesen umarmt worden sind.

Wir packten unseren Kram zusammen, und Wolpers lud mich zum Essen ein. Zum Lohn für meine Tapferkeit, dachte ich. Aber er führte mich ins Schlangen-Restaurant gleich nebenan.

Der Besitzer, ein wilder, komischer Kauz meines Alters, der laut Hinweisschild am Straßenrand Schlangenfänger, Schlangendoktor und Schlangenkoch in Personalunion war, empfing uns halb nackt, mit Zigarette im Mundwinkel und einer Zwei-Meter-Kobra in der Hand. Er hielt sie mit ausgestrecktem Arm am Ende ihres vorderen Drittels, sodass sie nach unten hing und eine U-Form bildete, den Kopf leicht nach oben gebogen. Würde er sie in der Mitte halten, hätte sie genug Kraft, um hochzuschnellen und ihm in die Nase zu beißen. So aber schaffte sie nur eine kleine Aufwärtsbiegung des Kopfes.

»Einpacken oder zum Hier-Essen?«, übersetzte Dieter seine Frage an mich.

In den früheren Büchern habe ich bereits gestanden: Ich bin Fleischesser, aber zugleich Gegner des Schlachtens, ein Widerspruch, der keine Auflösung kennt und mich als Heuchler entlarvt. Zum Vegetarier werde ich aber unweigerlich, wenn ich das Opfer meiner Fleischeslust kennen gelernt habe, als es noch am Leben war. Niemals könnte ich die Schlachtung veranlassen, und wenn sie jemand anders besorgt hätte, würde ich keinen Bissen hinunterkriegen. Auf keinen Fall also würde ich hier an einem Kobra-Lunch teilnehmen, das war absolut klar.

Gerade wollte ich mit Wolpers einen Streit darüber beginnen, als die Kobra einen Fehler machte: Sie schnappte nach mir. Ich kann es beweisen, denn Stefan war mit der Kamera dabei, und die Szene ist im Film deutlich zu sehen: Die Kobra faucht und stößt zu, ich weiche erschrocken zur Seite, nur wenige Zentimeter trennen uns. Die Bestie wollte tatsächlich ihren Giftzahn in mich bohren, sie sabberte schon mit mindestens fünfzehn Milligramm Neurotoxin. SIE WOLLTE MICH TÖTEN.

»Hier-Essen!«, sagte ich mit fester Stimme, denn meine zehn Jahre in Amerika waren nicht spurlos an mir vorübergegangen: Töte deinen Feind, bevor er dich tötet, hatte ich dort gelernt. Jetzt musste ich ein Exempel statuieren, allein schon als Warnung für Wolpers.

Während der Schlachtung drehte ich mich zwar weg, aber als mein Feind in den Fleischwolf kam, war ich wieder dabei. Persönlich verrührte ich das Schlangenmett mit rotem Chili-Pfeffer und einigen mir unbekannten Kräutern, und dann warfen wir das Ganze in eine gusseiserne, bereits rot glühende Pfanne.

Das Schlangenragout war höllisch scharf. Schärfer als alles, was ich bisher in Thailand gekostet hatte, und fast so scharf wie die Linsen in den indischen Dorfkneipen, die nicht nur alle Schleusen in Nase und Augen öffnen, sondern sogar das Ohrenschmalz zum Kochen bringen.

Die Schärfe hat nicht nur kulinarische Gründe: Wenn er zu den Freundinnen ginge, sagte er (und beachten Sie bitte den polygamen Plural!), würde er vorher immer eine Portion Rührschlange essen. Denn dieses Gericht ist reine Männerspeise und gilt als das beste Potenzmittel des Landes.

Ich schaufelte sofort zwei Löffel Kobra nach, worauf mein Schlangenwirt eine Flasche über den Tisch schob. Sie sah aus wie die Vitrine in einem Kriminalmuseum, in der man Leichenteile in Spiritus aufbewahrt, und so war es denn auch: einheimischer Mekong-Whisky, gemischt mit Schlangenblut, darin frei schwimmend der ausgelöste Giftapparat einer Kobra. Das wäre das eigentliche Wundermittel, sagte er. Ein paar Schlucke davon zusammen mit dem Schlangenfraß, und die Mädels würden einen überhaupt nie mehr loslassen. Als Beweis zeigte er mir mehrere Kratzspuren auf seinem Rücken. Dann schenkte er mir eine Tasse voll ein.

Im Film lehne ich das Gesöff höflich ab. »Ich bleibe lieber impotent«, sage ich und lächle geistreich in die Kamera. Aber sobald Stefan sie ausgeschaltet hatte, war ich doch neugierig und nahm einen kräftigen Schluck davon.

Und damit sind wir beim Thema »Sextourismus«.

Beichte
(könnte aber auch eine Lüge sein)

»Dorf der wilden Pflaumen« lautete der historische Name Bangkoks, und aus dem Dorf, in dem es statt Straßen nur Kanäle gab, ist eine Monsterstadt geworden, mit sechs bis zehn Millionen Einwohnern, so genau weiß das hier keiner. Glaubt man den Kegelbrüdern, die gerade vom Vereinsausflug aus Thailand zurückgekehrt sind, haben sich die wilden Pflaumen nicht nur vermehrt, sondern sind allgegenwärtig und locken nicht nur Fruchtfliegen an. Glaubt man hingegen den Moralisten, dann ist jeder Mann, der dort hinfährt, ein Sittenstrolch, und gehört ins Gefängnis. Beides ist Unsinn, doch wollen wir uns dem Thema wissenschaftlich nähern. Wir nehmen deshalb jetzt die Hefte raus und rechnen mit: Thailand ist eineinhalb Mal so groß wie Deutschland und hat 60 Millionen Einwohner. Dazu kommen jährlich 10 Millionen Besucher, was zunächst den Anschein eines heillosen Gedränges hat; da diese aber im Durchschnitt nur acht Tage bleiben, erhöht das die Bevölkerungszahl, übers Jahr verteilt, gerade mal um 220 000. Die große Mehrheit davon, über 60 Prozent, stammt aus den Ländern Asiens. Erst an fünfter Stelle steht als erstes »westliches« Land England, und die Deutschen kommen mit 400 000 Besuchern pro Jahr auf den zehnten Platz, gleich nach den Amerikanern. Laut Statistik befinden sich also zum jetzigen Zeitpunkt* genau 8767 Deutsche in Thailand. Selbst wenn das alles Sextouristen wären, würden sie also kaum auffallen. Dass sie es trotzdem tun, liegt hauptsächlich daran, dass sie sich schlecht benehmen, peinlich anziehen und mit ihren Bäuchen mindestens doppelt so viel Platz einnehmen, wie einem Thai statistisch zukommt. Außerdem treten sie meist in Rudeln auf.

Die offene Sexszene der Touristen ist kleiner, als man bei der ersten Begegnung mit Thailand, gefüttert mit Vorurteilen, erwartet. Sie beschränkt sich im Wesentlichen auf drei Gegenden in Bangkok sowie ein paar Straßenzüge in Phuket, Chiang Mai, Ko Samui und den Horrorstrand von Pattaya, dazu noch Hat Yai, die wilde Grenzstadt im Süden für die Spaßsucher aus dem spröden Singapur und

---

* Am 24. Dezember 2003, 16:30. Es ist dunkel geworden, und bald wird der Lichterbaum statistisch 5 793 333 Kinderherzen (Alter 2 bis 12) in unserem Land erfreuen. Gut, dass ich aus diesem Alter raus bin. Ich habe Weihnachten nie gemocht. Deshalb arbeite ich jetzt. (Meine Frau ist bei ihren Eltern.)

dem muslimischen Malaysia. Der weitaus größere – und um einiges schlimmere – Teil ist übers ganze Land verteilt, bleibt aber für uns Touristen unsichtbar. Er ist fast ausschließlich den einheimischen Männern vorbehalten und ist Teil einer Gesellschaftsordnung, die sich in unseren Augen als ziemlich heuchlerisch darstellt. Ich betone: in *unseren* Augen. Denn die Moral ist ein wackliger Steg, der über tausend Vorurteile und Missverständnisse führt, da kommt man nur zu leicht ins Rutschen. Vergessen wir nicht, wie unmoralisch unser eigener Alltag vielen anderen Kulturen erscheint.

Trotzdem erkläre ich hiermit, auch auf die Gefahr eines ewigen Einreiseverbots: Thailändische Männer einschließlich meiner drei Freunde und aller anderen Kerle, die ich hier kennen gelernt habe, sind ausnahmslos Machos. Genauso wie wir. Mit dem einzigen Unterschied, dass die das dort DÜRFEN.

Ich kenne keinen einzigen verheirateten Thai, der nicht mindestens eine Freundin hat und seine Geschäftserfolge nicht in einer »Dunkelbar« feiert, wo man keine Gesichter erkennt, aber umso mehr Körperteile erfühlt. Und selbst in den Kleinstädten findet man wenigstens eines dieser nur Einheimischen zugänglichen Hotels mit Ziffern statt Namen, wo in der Parkgarage vor jedes Auto ein Vorhang geschoben wird, zur Tarnung der Nummernschilder. Während wir westlichen Pantoffelhelden lebenslang – und meist vergebens – gegen unsere schmutzigen Wünsche kämpfen und uns beim geringsten Verstoß in furchtbaren Schuldgefühlen wälzen, leben sich die Kerle dort ungeniert aus und behaupten, es war nichts. Denn schandbar ist nicht, was man tut, sondern nur, was die anderen mitkriegen, das man getan hat.

Das ist ein fester Bestandteil von Kultur und Sozialordnung, und deshalb eigentlich gar keine Heuchelei, sondern die asiatische Form der Höflichkeit: sein Gesicht zu wahren und andere nicht mit seinen Problemen zu belästigen. Die Operette hat das »Land des Lächelns« fälschlicherweise in Japan angesiedelt, in Wirklichkeit ist es Thailand: Niemand darf sehen, wie es innen aussieht, und auch bei Katastrophen hat man zu lächen, solange jemand zuschaut. Deshalb mein Rat: Wenn ein Thailänder in einer Krise NICHT lächelt, sollte man sich schleunigst zurückziehen, denn dann gibt's meistens Tote.

Das klingt jetzt fast wie die Rechtfertigung für hemmungslosen Machismus und drängt die Frage auf: Was ist mit den Frauen? Ist das für die ebenfalls alles so lustig?

Natürlich nicht, und schon gar nicht für jene Mädchen, die die nach geregelter Arbeitszeit und Sozialversicherung klingende Berufsbezeichnung *Sex Worker* führen. Sie sind tief eingebettet im Heuchelsystem. Ihren meist bitterarmen Eltern daheim im Dorf, für deren Unterhalt sie sorgen, erzählen sie Märchengeschichten von angeblichen Traumjobs im Kaufhaus, und fast immer wissen die Eltern die Wahrheit und nehmen trotzdem das Geld. Der Druck der Armut, verbunden mit korrupten Behörden, bricht hier so gut wie jedes Tabu, und es gibt die grauenhaftesten Auswüchse bis hin zur Sklaverei.

Andererseits sind thailändische Frauen, wenn sie die Chance dazu haben, stark und selbstbestimmt. Sie sind, vor allem in finanziellen Belangen, das wahre Familienoberhaupt und bereiten so manchem *Farang* die Überraschung seines Lebens, wenn aus dem scheuen Rehlein, das er so edelmütig aus der Sexbar befreit hat, nach der Heirat in kürzester Zeit ein Hausdrachen wird – was ich übrigens in meiner postkatholischen Ethik als durchaus gerecht empfinde: Nach der Sünde kommt eben die Buße, so steht's geschrieben, selbst schuld.

Im Geschäftsleben sind sie inzwischen überall, die starken Frauen von Thailand, in der Politik eher selten. Da bleiben sie lieber im Hintergrund und steuern ihre Männer fern ... was denen aber nicht allzu viel auszumachen scheint, weil sie dadurch umso mehr Zeit für Freundinnen und Nummernhotel haben. Aber auch hier ändern sich Zeiten und Spielregeln: Immer mehr hört man von reiferen Thailänderinnen, die den Spieß umdrehen und sich jüngere Männer als Liebhaber nehmen, manchmal sogar in direkter Konkurrenz zu den Touristen: In so mancher Schwulenbar, in der Go-go-Boys tanzen, werden Sie, wenn Sie einen Blick in die hinteren, dunklen Ecken riskieren, ganz bestimmt ein paar einheimische Frauen entdecken, meist in kleinen Grüppchen, auf der Suche nach dem Gespielen für die Nacht.

So weit die Lage, natürlich nur grob und unvollständig zusammengefasst. Wo aber passe *ich* da rein?

Die Antwort ist: GAR NICHT. Denn ich bin kein Sextourist. Und damit meine ich ausdrücklich nicht nur die Gegenwart, in der es der Eintritt ins Greisenalter immer leichter macht, tugendhaft zu bleiben. Sondern auch meine gesamte Vergangenheit, angefangen 1952, mit meiner ersten Auslandsreise nach Bayern.

Nun haben Sie natürlich keinerlei Garantie, dass ich nicht lüge wie jener Pfarrer, der Pornos nur anschaut, um besser zu verstehen, wogegen er kämpft. Aber wie soll ich meine Behauptung beweisen? Denn nichts auf der Welt ist schwieriger als die Bestätigung für etwas, das gar nicht stattfindet: »Ich habe nichts getan!«, schwört man, und der

Richter fragt: »Haben Sie Zeugen dafür?« Wofür? Für die Nicht-Tat? Ich will deshalb statt der Beweise lieber Argumente vortragen, die mich stützen, weil sie nachvollziehbar und deshalb glaubwürdiger sind.

In erster Linie ist es mein massiver Selbstzweifel, der mir käufliche Liebe verwehrt. Denn da ich mich viel zu gut kenne, um mich zu mögen, misstraue ich auch anderen zutiefst, wenn sie Sympathien für mich bekunden, und fahre wie ein Igel sämtliche Stacheln aus. Man muss sie alle einzeln brechen, auch die ständig nachwachsenden, um mich zu überzeugen, dass man mich tatsächlich mag. Im Liebesgeschäft wäre das viel zu zeitaufwändig und würde außerdem enorme schauspielerische Talente erfordern, wie man sie selbst auf der Bühne nur selten hat, und bestimmt nicht im Puff. Professionelle Verführerinnen lassen mich deshalb kalt.

Zudem ist Verfügbares reizlos für mich. Befriedigung verschafft mir nur, was ich unter Qualen erwerbe. Wer mir eine Gratis-Warenprobe anbietet, kann sicher sein, dass ich seinen Kram zeitlebens nicht mehr kaufe. Und schon als Kind in der Zeit nach dem Krieg, als die Schulfreunde vor der Küche der amerikanischen Soldaten auf Essensreste warteten, stand ich mit verschränkten Armen dabei und sabberte, weigerte mich aber, auch nur einen Bissen anzunehmen ... Weiß der Teufel, warum ich so blöd bin. Kommt dann gar noch Überfülle dazu, bin ich endgültig verloren. Eine Bar voll einladend winkender Mädchen jagt mich schneller in die Flucht als ein offener Löwenkäfig. Und ich werde nie meine erste Reise nach Rio de Janeiro vergessen, meinen ersten Spaziergang an der Copa Cabana, wo tatsächlich, und nicht nur im Reiseprospekt, auf jedem Quadratmeter Sand tausend Göttinnen von perfekter, vollkommener Schönheit lauern. Ich bin sofort ins Hotel geflohen und weinte die ganze Nacht, in der gierigen Verzweiflung derer, die alles wollen und deshalb nichts bekommen. Mein Leben lang träume ich von Läden, in denen es nur ein einziges Hemd meiner Größe gibt. Schon bei dreien vergrämt mich die Fülle der Möglichkeiten in Richtung Ausgang.

Im Falle Thailand kommt erschwerend dazu, dass ich die Mädchen dort zwar als überaus sympathisch, süß und liebenswert empfinde, aber als kein bisschen erotisch. Sie nähern sich nicht mal dem Rand jener Abgründe, in denen meine Fantasie lauert. Chet, der ewig klamme Luxusfotograf, hat mir in seinen nimmermüden Bekehrungsversuchen unzählige Fallen gestellt und mich bei jedem Besuch in neue Reiche der Lüste verschleppt, und Cimi, der Journalist, belehrte mich, dass Buddha ohne seine sechzehnjährige Ehefrau niemals gewusst hätte, von welchen Freuden man Abschied nehmen müsse, um den Weg der Erleuchtung zu beschreiten. Aber wie mir ältere Mönche bestätigen werden, die sich an die Zeiten erinnern, als man im Kloster noch Brom ins Essen träufelte, um den Trieb zu dämpfen: Mangels Versuchung lässt's sich leicht keusch sein.

In einer thailändischen Go-go-Bar fühle ich mich wie auf einem Kindergeburtstag: tobende Bälger, freche Gören, und alles viel zu laut. Früher habe ich mich draußen hingesetzt, an den Tresen vor dem Eingang, um zu beobachten, wie die triebgeplagten Sünder ins Innere huschen, oft mit missmutigen Ehefrauen an der Hand, die sie als Alibi mit in die Hölle zerren. Aber inzwischen geht das nicht mehr. Denn kaum sitze ich in so einer Straßenbar, kommt auch schon einer an: »Hey, Feuerstein, du bist ja vom Fernsehen! Da kennst du hier bestimmt alle geilen Kneipen, wo so richtig was abgeht, hm?« ... *Zwinker, zwinker, Rippenbox.*

Das führt mich zu meinem letzten Argument, das ich zwar für mein schwächstes halte, aber bestimmt das überzeugendste ist, weil man es ja auch von anderen »Promis« kennt: die Angst, ertappt zu werden.

Zwar bemühe ich mich allein schon aus Menschenscheu, so unauffällig und anonym wie nur möglich durchs Leben zu wandeln, doch scheint man mich wegen meiner Körpergröße oder weil ich immer noch die Brille trage, mit der ich geboren wurde, ganz besonders leicht zu erkennen. Selbst wenn ich also *wollte*, könnte ich niemals in einen zwielichtigen Schuppen huschen, ohne dass nicht drinnen der Typ von vorhin schon mit ausgebreiteten Armen auf mich wartet: »Hey, Feuerstein, du bist ja vom Fernsehen! Da kennst du bestimmt hier alle geilen Kneipen, wo so richtig was abgeht, hm?« ... *Zwinker, zwinker, Rippenbox.*

Boshaft könnte man also sagen: Ich bin nur deshalb kein Sextourist, damit nicht in der *BILD-Zeitung* steht, ich sei ein Sextourist. Das stimmt mit Sicherheit für alle Promis bis rauf zum Bundeskanzler. Außer für mich.

Und was ist mit Sextourist Wolpers?

Merkwürdig, Wolpers schien es ähnlich zu gehen, und das erstaunte mich doch ein bisschen. Denn da sich sonst beim Thema Sex sofort seine Stimme überschlägt und er zappelig wird und hysterisch lacht, hielt ich ihn bisher für eine leichte Beute für so gut wie jede Frau, allein schon aus Dankbarkeit, dass sich überhaupt jemand für ihn interessierte. Aber in Thailand war er von wahrhaft mönchischer Zurückhaltung. Beim Absacker nach Drehschluss trug er auch in zwielichtigen Hotelbars stets eine eiserne

»Nein, danke«-Miene zur Abwehr von Versucherinnen, und wenn ich nachts an seiner Tür horchte, hörte ich ihn nur Zahlen murmeln und seufzen, die typischen Albtraumlaute von Filmproduzenten. Kann natürlich sein, dass seine Haltung reine Verlegenheit darstellte, weil er noch nicht aufgeklärt war – er ist ja erst dreißig. Ob ich ihm ein Buch schenken soll, wo das alles drinsteht? Lieber nicht, sonst fängt er gar noch an, sich zu vermehren.

Da man in einem Thailand-Film am Thema Sextourismus nicht vorbeikommt, schlug er einen Massage-Dreh vor, gleich für den Anfang, am Strand von Phuket. Ich sollte im Sand liegen und mich von einem Mädchen bearbeiten lassen, wie das dort üblich ist, ohne Absprache vorher, mal sehen, was passiert.

Natürlich war es mir peinlich, meinen sechzigjährigen Leib in aller Öffentlichkeit kneten zu lassen, aber ich stimmte zu – für einen Lacher habe ich schon weitaus Schlimmeres getan. Ausgemacht war nur, dass es nichts Anrüchiges sein sollte, sondern die klassische Thai-Massage. Denn die kenne ich, auch wenn ich sie nicht sonderlich schätze, weil sie recht schmerzhaft sein kann, vor allem in der Schlussphase, wenn einen die zierlichen, aber erstaunlich kräftigen Mädchen zusammenfalten wie ein Hemd nach dem Bügeln. Das tut nicht nur höllisch weh, sondern soll auch für untrainierte westliche Knochen nicht ungefährlich sein, wie mir ein einheimischer Hotelarzt mal beim Cocktail gestand: Da kann schon mal ein Wirbel knacksen. Hätte ich ahnen können, dass Wolpers genau dies im Sinn hatte?

Erik hatte das Angelmikrofon ausgefahren, weil man am nackten Bauch kein Ansteckmikro unterbringen kann, und Stefan sagte: »Bitte!«. Wie ausgemacht, legte ich mich in den Sand und harrte der Dinge. Dann spürte ich, wie ein Schatten über mich kroch. Ein weitaus größerer Schatten, als man ihn je von einem Thai-Mädchen erwarten konnte, eher der sich über die Erde schiebende Schatten einer Sonnenfinsternis. Ich blickte hoch und sah ein Gebirge von Fleisch, eine Gestalt, zwar nicht größer als ich, aber ungeheuer breit und mindestens hundert Kilo schwer. Bevor ich an Flucht auch nur denken konnte, warf sich der Berg mit einem Kampfschrei auf mich.

Übergewichtige Frauen sind rar in Thailand. Ob Wolpers sie zufällig gefunden hatte oder ob er sie zum Zweck meiner Hinrichtung seit langem schon anmästen ließ, weiß ich bis heute nicht. Wäre mein Masochismus körperlicher Natur und bestünde er nicht aus Seelenfolter, so wäre dies der schönste Tag meines Lebens geworden. So aber litt ich unsäglich und stumm noch dazu, weil die Peinigerin rittlings auf mir hockte und so jeden Laut mit ihrem Gewicht erdrückte. Wenn ich die Szene im Film betrachte, verstehe ich bis heute nicht, wieso ich überlebte.

Wenigstens legte Wolpers die richtige Musik darunter: den Walkürenritt.

Schlaraffenland, freihändig

Wir bleiben beim Thema.

Eine der kühnsten Formen thailändischer Heuchelei ist die offizielle Behauptung, die Touristen kämen alle nur wegen der schönen Tempel hierher, von ganz, ganz wenigen unwillkommenen Ausnahmen abgesehen, mit denen man aber mühelos fertig werde, da es ja ohnehin keine Prostitution in Thailand gäbe – die sei nämlich gesetzlich verboten. Und damit niemand auf die Idee kommt, etwas zu zeigen, das es gar nicht gibt, kriegt jedes ausländische Filmteam einen Aufpasser zugeordnet. Seine Aufgabe ist es, dafür zu sorgen, dass die drei großen Tabus des Landes nicht verletzt werden: keine Schmähung von Buddha, keine Kränkung des Königs und keine Darstellung von Schweinekram.

Unser Bewacher war ein junger, schmucker Offizier in maßgeschneiderter Uniform, freundlich und hilfsbereit gleich am ersten Tag, aber mit nur geringen Englischkenntnissen ausgestattet, sodass meine direkte Kommunikation mit ihm nur aus gegenseitigem Anlächeln bestand. Als er gemerkt hatte, dass wir nichts Böses im Schilde führten, ließ er sich immer seltener blicken. Zwar begleitete er uns auf allen Reisen durchs Land, doch tauchte er bald nur noch am späten Vormittag auf, und zwar stets in Gesellschaft eines Mädchens. Beim ersten Mal ließ er uns durch den Übersetzer wissen, dass es sich dabei um seine Braut handle, die sich ganz zufällig ebenfalls hier befände, und ich stellte mich höflich vor und versuchte, sie ins gegenseitige Anlächeln einzubeziehen. Aber am nächsten Tag war es eine andere, und am nächsten Ort abermals, und bald erschien er immer später am Tag, meist erst nachmittags, zunehmend hohläugig und übernächtig, aber offenbar nicht unglücklich.

In den letzten Tagen kam er überhaupt nicht mehr. Wir hätten also unbehelligt alle Tabus brechen können, denn wenn wir auch vor der Ausreise sämtliche Kassetten vorlegen mussten, so waren diese weder gezählt noch markiert, sodass man beliebig viele an der Zensur hätte vorbeischmuggeln können. Trotzdem wäre es nicht leicht gewesen, die verbotenen, amtlich gar nicht vorhandenen Winkel Thailands zu zeigen, denn es gibt noch eine private Zensur, die viel besser funktioniert als die offizielle: Überall, wo Frivoles passiert, herrscht strengstes, privates Drehverbot. Wer auch nur einen Fotoapparat zückt, kriegt lächelnd, aber bestimmt am Ausgang den Film konfisziert. Wer dann immer noch dagegen verstößt, kriegt lächelnd, aber bestimmt eine aufs Maul.

Wolpers hatte deshalb sichergestellt, dass wir im *No Hands* mit unserer Kamera auch wirklich willkommen waren. Denn nach der nur für Sadisten anregenden Foltermassage auf Phuket brauchten wir dringend wenigstens ein Milligramm Sex von der Art, die als »typisch Thailand« auch einem Kegelclub glaubwürdig erscheint. Und da das *No Hands* was ganz Spezielles war, bei dem man nicht klar unterscheiden konnte, ob Restaurant oder Fummelplatz, hatte auch unser Sicherheitsoffizier nichts dagegen. Im Gegenteil: Er war persönlich mitgekommen und blieb später, nach Ende unserer Dreharbeit, ganz alleine bei den Hausdamen zurück. Bestimmt wollte er ihnen beim Aufräumen helfen.

Das Besondere am *No Hands* ist, dass man dort zum Essen seine Hände nicht benutzen darf. Jedenfalls nicht als Gast. Das heißt natürlich nicht, dass man aus einem gemeinsamen Trog fressen muss. Nein, man sitzt ganz manierlich zu Tisch, ist aber flankiert von zwei Mädchen, die einen füttern und tränken. Die eigenen Hände sind frei. Man kann mit ihnen tun, was man will. Außer essen. Also eine Art Schlaraffenland.

Ich habe das Märchen vom Schlaraffenland als Kind gehasst. Einmal, weil ich den Gedanken, mich durch eine Mauer aus Milchreis fressen zu müssen, ausgesprochen eklig fand. Denn ich bekam die Geschichte erstmals im Luftschutzkeller vorgelesen, in den letzten Kriegstagen, und hatte keine Ahnung, wie Milchreis schmeckt, sondern dachte, das wäre dieser pampige, ungezuckerte Grützschleim, den einem die Mutter mit eiserner Entschlossenheit zwischen die Lippen zwang, wenn man Durchfall hatte. Aber noch viel widerlicher fand ich die gebratenen Kapaune, die einem im Schlaraffenland in den Mund fliegen sollen. Denn während ich beim Reis wenigstens eine grobe Vorstellung hatte, worum es sich handelte, waren mir Kapaune nicht mal als Wort bekannt. Ich verwechselte sie mit Kaplanen, und der Herr Kaplan, den ich damals kannte, war ein widerlicher Fettsack, dem ich auch gebraten nichts hätte abgewinnen können.

Diese Abneigung gegen kulinarische Fremdversorgung ist mir geblieben. Auch heute möchte ich weder von Kapaunen angeflogen noch von Mädchen gefüttert werden. Denn ich habe keine Lust, schon jetzt etwas zu üben, was mir später, als Pflegefall, vielleicht *wirklich* bevorsteht, mit dem Unterschied, dass meine Helferinnen dann bestimmt nicht mehr so jung sein und auch wesentlich mehr Stoff am Leib tragen würden.

Wie jeder andere Gast bekamen auch wir im *No Hands* ein eigenes Zimmer, darin ein Tisch und ein bequemer Lehnstuhl mit Sofa dahinter, falls es auf dem Sessel im Verlauf der Fütterung zu eng werden sollte. Das Team richtete Kamera und Licht ein, und als die ersten Speisen aufgetragen wurden, kostete ich natürlich sofort –

noch durfte ich ja die Hände benutzen –, um bei der Auswahl der kommenden Zwangsernährung mitreden zu können. Das aber erwies sich als Fehler, denn ich biss in die Tischdekoration ... was ich leider erst beim Kauen erkannte. Das richtige Essen würde gleich von den Mädchen aufgetragen, erfuhr ich. Sollten Sie also das *No Hands* besuchen* und dabei angefressene Plastikgarnelen auf dem Tisch liegen sehen: Jawohl, das waren meine Zähne.

Dann kamen viele kleine Schüsselchen mit Fisch, Geflügel und (echten) Garnelen auf den Tisch, dazu Tee und Bier, serviert von zwei zunächst sehr scheuen Mädchen, die sich aber beide als komische Naturtalente erwiesen: Ohne ein Wort von mir zu verstehen, spürten sie sofort, worauf es ankam, und ließen mich keinen halben Satz reden, ohne dass sie mir nicht irgendwas in den Mund schoben oder gossen.

Tapfer hielt ich zunächst durch – bis ich merkte, dass Stefans Kamera leicht zu wackeln begann, das untrügliche Zeichen, dass er lacht. Und weil das hoch ansteckend ist und man absolut nichts dagegen tun kann, endete unsere Fressorgie im allgemeinen Lachkrampf. Wieder mal war ich im Kindergarten gelandet statt im Sündenpfuhl, süß, aber harmlos. Für den Film war die Szene aber gut brauchbar, und ich selber war ebenfalls zufrieden: Wenigstens kann ich nicht nur Kameraleute zum Lachen bringen, sondern auch noch junge Mädchen. Soll ja Kerle geben, die schaffen nicht mal das. Trotzdem habe ich mich in meiner mönchischen Unschuld gefragt, worin bloß der Sex-Kick bestehen soll, wenn man gestopft wird

---

* Bei meinem letzten Besuch in Bangkok gab es dieses Lokal immer noch, etwas abseits von Patpong, um die Ecke des Montien-Hotels.

wie eine Weihnachtsgans. Davon wird man doch nur fett und obendrein Alkoholiker, oder?

Cimi, der zynische, aber hochgebildete Journalist, belehrte mich eines Besseren: Das sei kein Touristenspaß, sondern altes Kulturgut, erklärte er, eine Art Geisha-Tradition des Landes. In den alten Tagen gehörte es nämlich in höfischen Kreisen zum guten Stil, dass die Gespielin ihren Pascha nicht nur bekochte, sondern auch fütterte. Und da das klassische Thai-Haus weder Tisch noch Stühle kennt, fand das Ganze auf einer Matte statt, auf der man, da ja essen müde macht, gleich hinsinken und einschlafen konnte. Wir waren also gar nicht im Puff gewesen, sondern im Museum.

Ich war voll gestopft und müde und wollte zurück ins Hotel, auch wenn es noch früh am Abend war. Aber Wolpers hatte noch nicht genug: Er schleppte mich zum nächsten Drehort, ins *Mambo*, ein Transvestiten-Kabarett in der Sukhumvit-Straße. Mit dem Befehl, dort aufzutreten. Das hätte er mit der Geschäftsleitung schon so vereinbart, erklärte er, weil er ja sicher wäre, dass mir das Spaß machen würde, und er hätte mir das vorher nur deshalb nicht gesagt, um mich beim Fütterungsdreh nicht zu belasten, und der wäre großartig geworden, weshalb wir jetzt unbedingt weitermachen sollten ... Merkwürdig, diese vielen Worte. Was hatte er bloß vor? Brach jetzt eine neue Seite in ihm durch? Beabsichtigte er vielleicht, wenn ich im Fummel war, um meine Hand anhalten?

Wer jetzt meint, wir wären mit den Transvestiten von Bangkok, den berühmt-berüchtigten *katoeys*, endlich an den lang erwarteten erotischen Abwegen angelangt, wird enttäuscht sein: Das *Mambo* ist die Biederkeit pur. Zwar kein Kindergarten, aber auch nicht viel mehr als eine Modenschau.

Das *Mambo* folgt einer schon mehr als zwanzigjährigen Tradition, die für das europäische Publikum längst ihren Reiz verloren und sich inzwischen völlig den Touristen aus Asien angepasst hat: ebenso prächtige wie aufwändige Kostüme und wunderschöne *Ladyboys*, die zum Playback die gerade aktuellen Superstars zwischen Hongkong und Tokio imitieren, dazwischen ein bisschen Las-Vegas - Revue und Ulkszenen aus der untersten Klamottenkiste. Nett gemacht, aber langweilig.

Ergiebig war eigentlich nur der Dreh hinter den Kulissen: Auf engstem Raum, nicht unähnlich der Käfighaltung unglücklicher Hühner, verwandelten sich zwei Dutzend süßer Jungs in noch süßere Mädchen. Nur die drei Stars hatten ihren eigenen Spiegel, die anderen steckten die Köpfe zusammen und halfen sich gegenseitig – eine Art Vorschau auf das deutsche Bühnenleben, wenn es mit den Kürzungen so weitergeht.

Ich unterhielt mich mit Noi, der Diva, um die zwanzig Jahre alt und makellos schön, und dachte über die grimmigen Geschichten nach, die man über Bangkoks Transvestiten auf freier Wildbahn so hört ... Ob diese höflichen, niedlichen, harmlosen Geschöpfe, die rings um mich fröhlich schnatterten, auch nach Ende der Show noch so höflich, niedlich und harmlos sein würden?

Im Spiegel sah ich, wie Wolpers mit schmierigem Grinsen Noi zuzwinkerte, das verabredete Zeichen, dass er mich vor laufender Kamera »ganz zufällig« fragen sollte, ob ich nicht mitspielen wolle: Es gäbe eine urkomische Szene in der Revue, da würde ich perfekt reinpassen. Ich müsste kein Wort sagen, nur ein bisschen rumtanzen.

Natürlich sagte ich zu, denn mir war klar, dass ich mich in die Show einbringen musste, sonst hätten wir keine Geschichte. Berührungsängste hatte ich ohnehin keine, denn wer in die Grube zu den Schlangen steigt und eine davon anschließend auch noch frisst, kann schwerlich einen Fummel verweigern. Außerdem hatte ich in Zeiten von *Schmidteinander* schon mal Claudia Schiffer gespielt; da wird's wohl noch für eine alte Transe reichen.

Und so hopste ich im kurzen Schwarzen vor ein paar Reisegruppen aus Taiwan und Singapur über die Bühne des *Mambo*. Applaus gab's so gut wie keinen, und falls Sie meinen Thailand-Film nicht gesehen haben: Bittesehr, in diesem Buch gibt's ein Beweisfoto. Mehr sage ich nicht dazu, denken Sie, was Sie wollen.*

Wolpers hat übrigens nicht um meine Hand angehalten. Wahrscheinlich hat er gespürt, dass er einen Korb kriegen würde.

Besuch beim König

Sie werden es nicht glauben, aber ich kenne Bhumipol**, den thailändischen König, persönlich.

Es war gegen Ende der fünfziger Jahre in Wien, und er wird sich bestimmt nicht mehr daran erinnern. Aber für

---

* Dumme Journalisten haben mich schon mehrfach gefragt, ob ich so was auch privat trage. Die Antwort ist: NEIN. Wo doch die rote Perücke überhaupt nicht zum Kleid passt, huch!

** »Bhumipon« sagen die Thailänder, weil sie ein auslaufendes »l« nicht hinkriegen.

mich war es ein unvergessliches Erlebnis, denn er war nicht nur der erste Monarch, der mir kurz, aber tief in die Augen schaute, sondern auch der bisher einzige, jetzt mal von der deutschen Weinkönigin in Neustadt abgesehen, bei deren Krönung ich zweimal mitgeholfen hatte. Nein, die Hand hat er mir nicht geschüttelt, das machen Könige sowieso nur selten, und die von Thailand schon gar nicht. Aber ich habe mich tief vor ihm verbeugt. Denn damals war ich noch Österreicher und hatte als solcher gelernt, bei der Begrüßung wichtiger Leuten nicht nur ein bisschen mit dem Kopf zu wackeln, wie man das heute tut, damit es nicht allzu devot aussieht, sondern richtig den Rumpf zu krümmen und »ein Buckerl« zu machen, mit dem Bauchnabel als Schnittpunkt des rechten Winkels. Ich weiß noch genau: Ich verbeugte mich vor dem König mit geradezu japanischer Bodennähe. Es war die tiefste Verbeugung meines Lebens.

Geredet hat er auch nicht mit mir. Aber dafür habe ich ihm zugehört. Denn die Begegnung fand in einem Jazzkeller statt, in *Fatty's Saloon* am Petersplatz, zwischen Stefansdom und Pestsäule, gleich um die Ecke jener pompösen Einkaufsstraße, die völlig eben verläuft und trotzdem »Graben« heißt: Bhumipol Adulyadeh, König Rama IX. von Thailand, spielte dort nämlich Saxofon.

Der Laden gehörte Fatty George, dem damaligen »Jazz-Papst« von Österreich, der mich in seinen Freundeskreis aufnahm, nachdem ich als knapp Zwanzigjähriger in Salzburg ein Konzert für ihn organisiert hatte – schon damals in rastloser, die Mitmenschen nervender Umtriebigkeit. Ein paar Wochen lang hing ich fast jeden Tag bei Fatty herum, kümmerte mich ein bisschen um Presse und Werbung, lernte viel über Jazzmusik und starrte gierig, aber ergebnislos in die verlockenden Tiefen der Dekolletees seiner Barmädchen. Dann aber erschien meine erste Kurzgeschichte in einer richtigen Zeitschrift, und ich wechselte auf die andere Seite des Grabens, ins legendäre *Café Hawelka*, zu den weniger hübschen, aber weitaus zugänglicheren Literatinnen.

König Bhumipol war damals auf Staatsbesuch in Österreich. Mit seiner Brille und den weit abstehenden Ohren wirkte er eher wie ein schüchterner, ein bisschen verklemmter Student, obwohl er schon fast dreißig war und seit zwölf Jahren König. Er war ja auch auf dieses Amt gar nicht vorbereitet worden und hatte es niemals angestrebt: Ganz überraschend hatte man ihn auf den Thron gesetzt, als sein großer Bruder, König Rama VIII., unter mysteriösen, bis heute ungeklärten Umständen über Nacht verstorben war.

Nicht nur in Österreich, in ganz Europa war König Bhumipol zu dieser Zeit überaus populär. Nicht wegen seiner selbst, und bestimmt auch nicht wegen Thailand, das man damals höchstens vom Musical-Film *Der König und ich* mit Yul Brynner in der Hauptrolle kannte und trotzdem immer noch mit Japan verwechselte, wo ja die Leute ebenfalls den ganzen Tag lang lächeln. Sondern wegen der schönen Sirikit, seiner Gemahlin. 1950 hatten die beiden nur wenige Tage vor seiner Krönung geheiratet, sie 18, er 23, und ihre siamesische Märchenhochzeit hatte die ganze Welt verrückt gemacht: Es war die Geburtsstunde der Hofberichterstattung sowie die Erleuchtung für die Chefredakteure der Dumpfpresse, dass man nicht nur mit Lustmorden Schlagzeilen machen kann.

In *Fatty's Saloon* kam Bhumipol ohne Sirikit, aber dafür mit seinem Saxofon, denn sein königliches Hobby war die

Jazzmusik – und ist es angeblich auch heute noch, freilich schon lange nicht mehr in der Öffentlichkeit. Das ehrt ihn in meinen Augen gewaltig. Denn Kunst gedeiht nicht ohne Konkurrenz und Kritik, und wer öffentlich spielt, muss sich auch öffentlich richten lassen. Aber welcher Lehrer würde einem König sagen: »Du spielst, wie die Kuh furzt!«, wie ich es von meinem Klavierlehrer immer zu hören kriegte. Ungebremste Monarchen haben im Lauf der Geschichte wahrhaft genug musikalischen Flurschaden angerichtet: Nero entzündete mit seiner Fiedel nicht die Herzen wie Paganini oder die Gehörgänge wie André Rieu, sondern gleich die ganze Stadt, und die beiden Späthobbys von Kaiser Wilhelm waren bekanntlich Holzhacken und Blasorchester-Dirigieren, wobei man vom Geräusch her nie sicher sein konnte, welches von beiden er gerade ausübte. Und wenn Prinz Charles auf dem Cello sägte, ließ sich Oma, die Königinmutter, sofort Ohrstöpsel bringen, auch noch in ihren letzten Jahren, als sie schon so gut wie taub war.

Ich behaupte jetzt mal, dass König Bhumipol bei Fattys Jam Session ziemlich gut gespielt hat … Die Erinnerung lässt mich leider völlig im Stich, wahrscheinlich, weil wir damals alle taub waren vor Ehrfurcht. Ich weiß nur noch, dass Fatty, der wortkarge Chef und Klarinettist, der übrigens wirklich so dick war wie sein Spitzname besagte, hinterher meinte, die Sache wäre »Leinwand«* gewesen. Und nach einer halben Stunde war der König wieder weg, ohne dass er mir nochmals in die Augen geschaut hätte.

* Ein hohes, österreichisches Lob, stammend aus alten Tagen allgemeiner Armut, als das Leibgewand meist aus Jute bestand. Ein Hemd aus Linnen (»Leinwand«) war deshalb damals was ganz Tolles.

Dreißig Jahre später habe ich dann den König zum zweiten Mal gesehen, im Jahre 1987. Aber auch daran wird er sich nicht erinnern. Denn ich sah zwar ihn, aber er nicht mich.

Das war beim königlichen *Kathin*, der feierlichen Schenkung von Mönchsgewändern an den Abt des *Wat Arun*, des Tempels der Abenddämmerung, der in seiner goldenen Pracht als das Wahrzeichen Bangkoks gilt, schräg gegenüber dem Königspalast, auf der anderen Seite des Chaophraya-Flusses. An diesem Tag ist der dicht befahrene Fluss für den gesamten Schiffsverkehr gesperrt und gehört allein den königlichen Barken, die man sonst nur im Museum beim Bahnhof von Thonburi besichtigen kann. 51 Boote insgesamt, zwei davon ganz besonders prächtig, mit dem edlen Schwanenkopf als Bug, 44 Meter lang, mit 54 Ruderern, drei Offizieren, zwei Steuermännern und einem Trommler, der den Rudertakt angibt. In der ersten Barke thront in einem Goldpavillon, behütet vom siebenstufigen Schirm der Weisheit, eine Buddha-Statue, in der zweiten, gleich groß und gleich ausgestattet, sitzt der König. In den anderen, wesentlich kleineren, aber nicht minder kunstvollen Booten werden die Ruder von Mönchen und Soldaten geführt, alle in traditionellen Gewändern und Uniformen, begleitet von Gebet und Gesang. Präzise und einheitlich erfolgen die Ruderschläge, nach jedem Schlag werden die Ruder steil nach oben gerichtet, alle Bewegungen erfolgen im perfekt harmonischen, monatelang geprobten Gleichklang.

Es ist ein gewaltiges Spektakel, überaus aufwändig und deshalb auch nur äußerst selten zu sehen. 1987 fand es zum sechzigsten Geburtstag des Königs statt, denn nach thailändischer Tradition verheißt die Wiederkehr jeder

Zwölfer-Zahl ganz besonderes Glück. Für mich übrigens auch, denn es war damals meine zwölfte Reise nach Thailand. Und soweit ich weiß, gab es seither nur ein einziges weiteres *Kathin*, im Jahr 1999, zum 72. Geburtstag des Königs.

Hauptproblem für Volk und Touristen ist dabei: Wie kriegt man dieses Schauspiel zu Gesicht? Eigentlich nur im Fernsehen, denn vor Ort ist die Sache so gut wie hoffnungslos. Schon Stunden vorher sind die Straßen der Umgebung verstopft, denn es gibt kaum Zugang zum Fluss, und die wenigen Lokale mit Uferterrassen sowie die drei Schiffsanlegestellen dieser Gegend sind längst überfüllt. Die einzige Brücke, von der aus man ein bisschen was sehen könnte, liegt fast schon hinter der Flussbiegung, und ein großer Teil beider Ufer wird von Regierungsgebäuden und Tempeln besetzt. Nur für offizielle Gäste steht so etwas wie eine kleine Tribüne bereit, und vor den wenigen Privathäusern verkaufen findige Hausherren Einlasskarten für den Hinterhof.

Chef-Concierge Khun Sompong, mein umsichtiger Schutzengel im Hotel, hatte mich mit Fahrer und Straßenskizze ausgestattet. Mit Hilfe des Ersteren schaffte ich es tatsächlich, trotz Verkehrschaos auf die andere Seite des Flusses zu gelangen, in die Nähe der Phrannok-Straße, die in den großen Lebensmittelmarkt direkt am Ufer mündet. Und dank der Zweiten schlug ich mich zu Fuß bis zu dem kleinen Restaurant durch, das er für mich aufgemalt hatte. Dort hielt ich dem Türsteher Sompongs Visitenkarte vor die Nase, auf der ein paar thailändische Wörter standen, zahlte 200 Baht – damals der Gegenwert von zwanzig Bieren in jeder anständigen Bar (und zehn in jeder unanständigen) – und war drin.

Leider hatten vor mir schon ein paar hundert andere Leute die gleiche Idee gehabt, und so stand ich ganz hinten an die Wand gequetscht und hätte niemals geahnt, dass sich vor mir ein Fluss befindet, wäre dieser nicht in Sompongs Skizze eingezeichnet gewesen. Zwar bin ich – für asiatische Maßstäbe – mit 1,65 von geradezu stattlicher Größe, doch nutzt das nichts, wenn man hinter einem Dutzend Leute steht, auch wenn diese nur 1,64 sind. Ich sah nur Hinterköpfe.

Nun gab es schon damals etliche hohe Gebäude am Flussrand, und auch unsere Kneipe war mehrstöckig, mit einer weiteren Gastterrasse im Obergeschoss. Aber vor der Treppe stand ein Polizist mit verschränkten Armen, denn Thailand, das freundlichste Land der Welt, hat ein respektvolles, aber für Touristen äußerst unangenehmes Gesetz: Niemand darf über dem König stehen. Niemand darf auf ihn herabschauen. Und wenn sich der König auf dem Wasser befindet, darf ihn auch niemand am Ufer überragen. Nur auf der untersten Ebene darf man ihm huldigen. Polizeipatrouillen sorgen streng dafür, dass niemand aus dem Fenster linst.

Nicht größer zu sein als der andere, vor allem, wenn dieser einen höheren sozialen Rang hat, ist fester Bestandteil asiatischer Tradition. In Japan gleicht man Höhenunterschiede durch tiefe Verbeugungen aus, und ganz Südostasien geht leicht in die Hocke, wenn der Chef vorüberrauscht. Und wenn sich der Kellner in Thailand vor seinen Gast kniet, um die Bestellung aufzunehmen, ist dies keineswegs Devotheit, sondern nur sein Bemühen, den Sitzenden nicht zu überragen.

Nicht nur Touristen macht diese Vorschrift zu schaffen, auch für das Hofprotokoll ist sie eine arge Last, da die meisten westlichen Staatschefs viel zu groß für ihr Amt sind. Als Riesenkanzler Helmut Kohl mal auf Staatsbesuch war, mussten komplizierte Laufstege und Podien gezimmert werden, damit sich der König wenigstens im Fernsehen auf gleicher Höhe befand. Schade, dass ich nie Staatschef geworden bin: Ich wäre hier hochwillkommen, denn König Bhumipol ist einen guten Zentimeter größer. Ich habe mich damals in Wien persönlich davon überzeugt, und seither sind wir beide kaum gewachsen.

Ich weiß nicht, ob die Thailänder ihren König wirklich so lieben, wie das allgemein behauptet wird, aber auf alle Fälle verehren sie ihn, ehrlich und grenzenlos. Da hängt bestimmt nach, dass Thailand bis tief ins 20. Jahrhundert hinein eine absolute Monarchie war. Der König war Macht und Gesetz zugleich, allgewaltiger Alleinherrscher über Leben und Tod. Es gab gute Könige, die vor ihren Palast ein Glöckchen hängten, das jeder bimmeln durfte, der mit dem König reden wollte. Aber es gab auch grimmige, die man nicht mal anschauen durfte – wer sich aus dem Staub erhob oder aus dem Türspalt spähte, wurde auf der Stelle geköpft. Unberührbar waren sie alle. Angeblich ist ein König sogar einmal jämmerlich ertrunken, als er in den Fluss fiel, aber niemand wagte, ihn herauszuziehen, weil man ihn dabei ja hätte anfassen müssen. Auch heute noch gibt es genügend Geschichten von Touristen, die ihren Urlaub im Knast beenden mussten, weil sie einen Geldschein mit dem Bildnis des Königs zerrissen hatten. Oder von jenem, der den Urlaub gar nicht erst antreten durfte, weil er in der First Class der Thai Airways darauf bestanden hatte, seine Leselampe eingeschaltet zu lassen, obwohl sich eine königliche Prinzessin ein paar

Reihen vor ihm davon gestört fühlte. Bei der Ankunft in Bangkok wurde er sofort verhaftet.

Khun Sompong hatte mir noch eine zweite von ihm bekritzelte Visitenkarte mitgegeben. »Für den Notfall«, sagte er. Da ich diesen jetzt für eingetreten hielt, drängte ich mich wieder hinaus und gab dem Türsteher das Kärtchen. Zusammen mit 500 Baht, wie mir Sompong aufgetragen hatte, einer Summe, die damals dem Gegenwert einer Übernachtung in einem anständigen Hotel entsprach. (Und zwei Übernachtungen in einem unanständigen.)

Ein alter, freundlicher Mann mit chinesischem Glücksbärtchen unter dem Kinn nahm mich am Arm und schob mich durch die nachdrängende Menge zurück auf die Straße und dann ein paar Häuser weiter zu einem Bootsschuppen aus Holz, der schon halb verfallen war, seit Jahren offenbar unbenutzt. Da führte er mich hinein und deutete nach oben. Tatsächlich liefen dort drei dicke Vierkantbohlen quer durch den Raum, die einst wohl einen Bretterboden getragen hatten, wahrscheinlich als Geräteablage. Sie endeten an der Uferfront, an der hölzernen Verschalung, in die der Zahn der Zeit jede Menge Spalten und Lücken gefressen hatte. Auf zwei dieser Bohlen hockten bereits *Farangs* wie ich, beide mit Fernglas, die dritte Bohle war noch frei.

Mein Führer deutete auf eine Leiter, lächelte und verschwand. Vom Fluss her hörte man schon die Mönche, die im tiefen Bass die heiligen Silben im Takt des Ruderns sangen. Ich brauchte ein paar Minuten, um mich an das Halbdunkel zu gewöhnen. Dann kletterte ich die Leiter hoch und rutschte rittlings auf meinem zugewiesenen Holzbalken nach vorn. Und sah von dort aus tatsächlich alles. Den Fluss, die Mönche, die Barken, den König. Und

Buddha. Die große *Kathin*-Parade in all ihrer fast unwirklichen Pracht.

So kam es, dass ich über dem König von Thailand thronte. Eine ganze halbe Stunde lang, und ungestraft noch dazu.

Natürlich wollte ich, dass auch meine Frau von meiner inzwischen so innigen Bekanntschaft mit dem Königshaus profitierte, weshalb ich ihr zehn Jahre später, auf unserer ersten gemeinsamen Thailand-Reise, einen Palastbesuch vorschlug. Zu meiner Schande ging dies aber schief, weil ich im Eifer der Fremdenführung vergessen hatte, dass es dort eine strenge Kleiderordnung gibt: Weil sie, den 35 Grad Außentemperatur angemessen, eine ärmellose Bluse trug, durften wir nicht rein. Denn während in vielen Tempeln Shorts und Nabelschau der Touristen fast schon Alltag sind, achtet man im Königspalast streng auf Sittsamkeit. Bloße Arme, nackte Beine und wogender Busen sind hier tabu. Zwar gibt es für ahnungslose Touris am Eingang einen Ärmel-, Wickelschal- und Rockverlängerungsverleih, aber weil meine Frau damit auszusehen glaubte wie Mutter Teresa, weigerte sie sich gegen die Zwangskostümierung, und wir schauten stattdessen nebenan im Sanam-Luang-Park den Drachenkämpfen zu. Auch schön.

Auf unserer nächsten Reise waren wir schlauer und bestens gerüstet: Hosenanzug, langärmlig bis zum Handrücken.

Dass außer uns noch eine Million anderer Touristen vor dem Palasttor drängelte, ist nun mal der Preis jeder Sehenswürdigkeit. Und dass das Tor eine Stunde versperrt blieb, weil der Präsident von Namibia gerade einen VIP-Besuch machte, ist der Preis der Weltpolitik. Brav standen wir Schlange für die Eintrittskarten und dann nochmals für den akustischen Palastführer, dessen Ohrwurm einem diskret zuflüstert, was das ist, wovor man gerade steht, vorausgesetzt, man drückt den richtigen Knopf für die richtige Sprache. Aber auch auf Chinesisch klingt es hochinteressant.

Dann standen wir vor dem Tor, wo man uns beim letzten Besuch abgewiesen hatte. Da uns der Klamotteninspektor gar nicht erst ansah, sondern zu Boden starrte, waren wir unserer Sache absolut sicher: Diesmal würden wir es schaffen.

Es traf uns wie ein Keulenschlag, als er die Hand ausstreckte und »mai« sagte, mit Tonfall nach unten, denn das heißt »nein«. Jetzt verstanden wir auch, warum er zu Boden gestarrt hatte. Weil er nämlich gar kein Klamotteninspektor war, sondern der königliche Schuhinspektor. Er deutete auf die Sandalen meiner Frau und wies auf ein Schild: ein Piktogramm von Badelatschen, dick durchgestrichen. Im Königspalast ungehörig und deshalb VERBOTEN. Raus!

Nun waren das zwar keine Badelatschen, sondern megamodische Designer-Sandalen (behauptet meine Frau auch heute noch), leider aber offen an der Seite, ohne Riemen, und was seitlich keine Riemen hat, gilt als Badelatschen. Jedenfalls bei Hof. Natürlich hätte ich dem Wächter sagen können, wie gut ich den König schon seit über vierzig Jahren kenne, aber erstens protzt man nicht mit seinen Beziehungen, und zweitens hätte mein Thailändisch dafür nicht ausgereicht. Bestimmt hätte ich eine falsche Betonung gesetzt und damit mein Gesicht verloren, und das ist das Schlimmste, was einem in diesem Land passieren kann.

Eigentlich war uns jetzt zum zweiten Mal die Lust vergangen, aber was tun? Schon wieder rüber zu den Drachenkämpfen? So spannend sind die auch wieder nicht, zumal es nicht einfach ist, die Regeln zu verstehen, nach denen die großen Flugdrachen von den winzigen Kampfdrachen vom Himmel geholt werden. Außerdem hatten wir bereits Eintritt bezahlt und den Flüster-Ohrwurm gemietet, für den ich eine dicke Kaution hinterlegen musste, da ich – als vorsichtiger Tourist – Reisepass und Kreditkarten, wie sie hier als Pfand erwartet werden, im Hotel gelassen hatte.

Also trabten wir zum Eingang zurück, zum Ärmel- und Rockverleih, in der Hoffnung, dort ein Paar hoffähiger Schuhe borgen zu können, zur Not auch vom Modell Mutter Teresa. Hätten wir auch bekommen, aber wiederum nur mit Pass oder Kreditkarte als Pfand – Geld lehnt man an dieser Stelle mit Empörung ab. Und als ich Witzbold unseren Ohrwurm als Kaution anbot, wurde die Verleiherin böse, und ich musste rasch einlenken, denn mit Königsbeamten scherzt man nicht, da wird schnell eine Majestätsbeleidigung daraus, und man kriegt lebenslänglich ... siehe Geldschein-Zerreißen und Flugzeug-Leselicht.

Wir liefen also wieder hinaus, zurück auf die Straße, wo man schon von weitem unser Problem erkannt hatte – anscheinend passiert das täglich ein paar tausend Mal: Von allen Seiten streckte man uns Fußbekleidungen entgegen, und das Paar, das meine Frau schließlich erstand, kostete hundert Baht, also ein bisschen mehr als zwei Euro und nicht mal ein Zehntel von dem Preis ihrer verbotenen Designer-Sandalen. Für mich Laien sahen auch die neuen wie Badelatschen aus, aber für den König waren es Schuhe.

Damit durften wir tatsächlich rein. Zwar blieb uns nur noch eine halbe Stunde Zeit, weil die Ohrwurm-Rückgabe um 16 Uhr schließt, und dann hätte ich meine Kaution erst am nächsten Tag wiederbekommen. Aber dreißig Minuten reichten, um einmal quer durch das Palastviertel zu rennen und nach dem König Ausschau zu halten. Leider ließ er sich nicht blicken.

Aber was soll's, wir kennen uns ja von früher.

Von den billigen Schneidern, teuren Hüten und falschen Mönchen

In der Theorie wäre Thailand mein Einkaufsparadies, weil dort Maß und Vernunft herrschen und Klamotten meiner Größe in der Abteilung für Erwachsene zu finden sind, und nicht bei den Kindern. Trotzdem greife ich auch dort nur selten zu, weil mich die riesige Auswahl überfordert und lähmt. Nur wenn mich meine Frau an der Hand durch die Kleiderhöllen und Stofflabyrinthe zerrt und die Entscheidung übernimmt, fällt schon mal das eine oder andere Hemd für mich ab, vorausgesetzt, sie wühlt nicht länger als zehn Minuten rum, meine maximale Durchhaltezeit. Danach bin ich zu erschöpft und verwirrt von der Fülle des Möglichen und muss sofort ins Hotel zurück, ins Bett. Wie damals in Rio.

Geduldiger bin ich hingegen bei den Schneidern, von denen es in Bangkok mehr gibt als in Hongkong, und bessere als in Bombay. Ihr Problem ist nur: Sie stehen so sehr unter Druck, billiger zu sein als die Konkurrenz, dass sie zwar solide gearbeitete und gut sitzende Anzüge abliefern, aber dafür die miesesten Stoffe der Welt verwenden. Natürlich habe ich immer wieder angeboten, ein bisschen mehr zu zahlen, um ein ordentliches Tuch zu kriegen, und es bedurfte auch keiner langen Überredung: Widerspruchslos war jeder thailändische Schneider sofort zu einer Preiserhöhung bereit. Aber was er mir dann lieferte, war doch wieder nur ein maßgeschneidertes Staubtuch. Wer hinterher jammert, kriegt zu hören, man habe diesen Stoff ja selbst ausgesucht – und das stimmt auch. Aus einem Musterbuch mit winzigen Stofffetzen, die groß genug sein mögen, um in einem Indizienprozess den Mörder zu überführen, wenn man die Fäden unter dem Fingernagel des Opfers findet, aber bei weitem nicht ausreichen, sich darunter einen Anzug vorzustellen, und sei es nur für Ken, Barbies Busenfreund.

Da ich unbelehrbar bin, habe ich inzwischen einen Schrank voll maßgeschneiderter Anzüge aus Thailand*, die ich niemals trage. Dazu einen schwarzen und einen weißen Frack für die Bühne, wo der Abstand zum Publikum groß genug ist, um die offenbar aus Handtüchern gearbeitete Weste und die verschieden breiten Schöße erst beim Verbeugen zu erkennen, sowie einen Smoking fürs Kreuzfahrtschiff, bei dem es einem nicht Leid tun muss, wenn man ihn ankotzt. Außerdem noch, als Gipfel der Peinlichkeit, ein halbes Dutzend bunter Jacken, die sich nicht mal Thomas Gottschalk hätte aufschwatzen lassen, obwohl der ja nun wirklich den grauenhaftesten Klamottengeschmack der Welt hat. Und da ich höflich bin, hängt bei jedem dritten Schneider Bangkoks meine Autogrammkarte samt Huldigung *(»Mit bestem Dank!«)* im Schaufens-

---

* Achtung Zollfahndung: verteilt über ein gutes Dutzend Reisen und deshalb absolut im Rahmen des zollfreien Limits.

ter, weil die armen Kerle glauben, mit meinem Bild deutsche Kunden ködern zu können, und nicht ahnen, wie abschreckend ich auf manche Leute wirke.

Wolpers fand, dass das Thema »Dreiteiler in 24 Stunden für 99 Dollar« gut in den Film passen würde, und gab deshalb in einem winzigen Salon namens »Mr. Marty« ein solches Kunstwerk für mich in Auftrag. Genau 24 Stunden dürfte die Anfertigung dauern, und von der Stoffwahl über die Anprobe bis zur feierlichen Übergabe würden wir alles filmen, um dann in Stummfilmmanier die Entstehung im Schnellvorlauf zu dokumentieren. Bestimmt würde das Ergebnis ein Kostüm für Vogelscheuchen sein, als Warnung vor der fernöstlichen Billigschneiderei, und zugleich Mahnung, doch lieber zum Rudi Moshammer in der Münchner Maximilianstraße zu gehen, wo das Gleiche höchstens hundert Mal mehr kostet.

Wie immer bei Plänen von Wolpers geschah das genaue Gegenteil: Marty fertigte den besten Anzug meines Lebens an, den einzigen, den ich auch heute noch trage, wann immer man mich in so ein Ding zwingt. Der edle Stoff kam aus Japan, schon bei der Anprobe stimmte fast alles, und nach 23 Stunden war das Ding fertig, ohne dass die kleinste Nachkorrektur nötig war. Marty war ein Meister seines Faches … aber statt ihm zu einer eigenen Sendereihe zu verhelfen, wie er es verdient hätte, schmiss Wolpers den ganzen Dreh in den Müll. »War nicht komisch genug«, sagte er mit der Grandezza eines Hollywood-Produzenten – aber wahrscheinlich fraß ihn der Neid, weil ich in dem Anzug so tierisch gut aussah.*

---

* Urteilen Sie selbst und betrachten Sie das Titelbild dieses Buches: Da sehen Sie das Prachtstück, mit mir innendrin.

Meine Autogrammkarte werden Sie bei »Mr. Marty« allerdings vergeblich suchen. Damals, beim Dreh, hatte ich keine dagelassen, und später habe ich diesen Laden nicht mehr gefunden, obwohl ich seither auf jeder Reise verzweifelt danach fahnde. Zu gern hätte ich von ihm noch einen zweiten Anzug. Aber wahrscheinlich ist er am teuren Stoff für meinen ersten Pleite gegangen.

99 Dollar hatte Wolpers für den Anzug gezahlt, das Doppelte musste er anschließend für einen Strohhut hinblättern, den man sonst in jedem Ramschladen für einen einzigen Dollar kriegt. Schuld daran war er natürlich selbst. Weil er immer alles besser weiß als ich.

Das geschah auf Phuket, beim Dreh für die Schlussszene, deren Idee ich Wolpers schon bei unserer Ankunft in Thailand vorgeschlagen hatte: Da es in ganz Südostasien diese aus Schilfstroh geflochtenen Hüte der Bootsleute gibt, die wie Lampenschirme aussehen, wollte ich am Ende des Films in der Abenddämmerung mit einer solchen Kopfbedeckung auf der Terrasse sitzen und nach meinem Abschiedswort ein Buch in die Hand nehmen; dann würde ich an meinem Ohrläppchen ziehen, als wäre es ein Schalter … und klick, der Hut wird zur strahlenden Lampe. Abspann.

Eine schlichte, romantische Szene, die aber in der Ausführung nicht ganz einfach war. Denn dazu brauchten wir nicht nur eine Leuchte auf meinem Kopf, stark genug für ein kräftiges Licht, aber schwach genug, um meine Haare nicht zu entzünden, sondern auch ein typisches Thai-Haus als Kulisse, mit Holzveranda direkt am Meer, eine Menge diskreter Verkabelung sowie die ideale Lichtstimmung für die Kamera, wie sie nach Sonnenuntergang gerade mal fünf Minuten lang herrscht. Vor allem aber brauchten wir einen Fischerhut.

Kreuz und quer hatte uns die Dreharbeit durch Thailand geführt, und überall gab es diese Hüte, auf allen Märkten, wahre Gebirge davon, sogar in den Ramschläden der Hotels. Ständig machte ich Wolpers aufmerksam, dass wir bald einen brauchen würden, aber jedes Mal meinte er, das hätte noch Zeit. »Im Reisegepäck geht der nur kaputt«, sagte er, »und ich sehe nicht ein, dann noch einen zweiten kaufen zu müssen. Der Gebührenzahler hätte kein Verständnis für so eine Verschwendung.«

In Phuket, am Drehtag der letzten Szene, fuhr er am Morgen persönlich zum Markt, um einen Lampenschirmhut zu besorgen. »Na so was«, sagte er lachend, als es dort keinen gab. Als er auch im nächsten Markt erfolglos blieb, verging ihm das Lachen. In wachsender Nervosität durchkämmte er mit Fahrer und Aufnahmeleiter die Insel. Er fand bayerische Bierkrüge und Schwarzwälder Kuckucksuhren, Kassetten mit Hollywood-Filmen, die noch gar nicht im Kino waren, und artengeschützte, verbotene Zierfische, aber keinen Hut. Gegen Mittag begannen auf seinen Wangen diese typischen roten Flecken zu blühen, die er sonst nur kriegt, wenn über Sex geredet wird, und ich stellte mich, so oft das möglich war, vor ihm auf und blickte ihn lächelnd an. »Wenn du ein Gesicht hättest, hättest du es jetzt verloren«, sagte ich.

»Du kriegst deinen Hut«, zischte er, und jedes Wort klang wie Spucke. Dann drehte er sich um und telefonierte auf zwei Handys gleichzeitig.

Um 17 Uhr kreischten Autobremsen vor der Tür, und aus dem Taxi sprang die Frau unseres Aufnahmeleiters mit einem originalen, nagelneuen, thailändischen Fischerhut. Vier Stunden vorher hatte sie ihn in Bangkok für einen Dollar gekauft und war dann zum Flugplatz gerast, gerade noch rechtzeitig für die Nachmittagsmaschine, um für 300 Dollar die fehlenden tausend Kilometer hinunter zu uns in den Süden zu schaffen. »Mit dem Hut in der Hand kommt man durch das ganze Land«, sagt das alte Sprichwort, und das war der Beweis: Das Sprichwort stimmt.

»Grüße vom Gebührenzahler!«, konnte ich gerade noch Wolpers zurufen, bevor er mich ins Hotelzimmer sperrte, damit ich die inzwischen recht hektische Vorbereitung für den Dreh nicht störte. Denn die ideale Lichtstimmung würde nur wenige Minuten bestehen, hatte Stefan, der Kameramann, verkündet, alles müsse deshalb auf Anhieb schon beim ersten Mal sitzen.

Um 18 Uhr durfte ich auf dem Rattanstuhl Platz nehmen. Erik montierte den präparierten Hut auf meinen Kopf und zog Kabel durchs Hemd, wobei er, wie immer, wie eine Glucke unartikulierte, besänftigende Laute von sich gab. Wolpers jagte hinter Kindern her, die von allen Seiten versuchten, durchs Bild zu schleichen. Und Stefan stand breitbeinig neben der Kamera und blickte stumm der untergegangenen Sonne nach, der GRÖKAZ* vor der Entscheidungsschlacht.

Dann sagte Stefan plötzlich: »Jetzt!« Ich spulte meinen Text ab, und selbst Erik, dessen Mikrofonkabel allesamt eine Sollbruchstelle enthalten, damit er im geheimen Dauerkrieg mit Stefan seine Macht zeigen und einen Abbruch erzwingen kann, verzichtete auf den üblichen Wackelkontakt: Ich zog am Ohrläppchen, und *klick*, es ward Licht in meinem Hut.

Als Wolpers atemlos von seiner Kinderjagd zurückkam und wie ein werdender Vater in der Gebärklinik fragte,

---

* »Größter Kameramann aller Zeiten«

wann es nun losginge, war alles schon vorbei. Wir zogen zum Nobelchinesen in Phuket-Stadt und feierten Drehschluss. Und jedes Mal, wenn ich seither diese Szene in ihrer Schlichtheit und perfekten Lichtstimmung sehe, steigt meine Bewunderung für Stefan. Er ist wirklich der Größte.

Da Sie so intelligente Bücher wie dieses lesen, können Sie unmöglich zu den Dumpfmeiern gehören, die achttausend Kilometer nach Thailand fliegen, um sich dort für zwei Wochen in den Sand zu werfen. Denn das Land bietet so überwältigend viele Möglichkeiten, dass ich auch nach zwei Dutzend Reisen immer noch vorher in jene tiefe Depression verfalle, die die Qual der Wahl nicht nur beim Klamottenkauf in mir auslöst. Es ist deshalb bestimmt hilfreicher für Sie, wenn ich Ihnen statt »guter Tipps«, die Sie ohnehin zu Tausenden im Reiseführer finden, lieber ein paar Ziele nenne, die Sie sich ersparen können.

Machen Sie einen großen Bogen um das Kloster Tham Krabok auf der Strecke von Lopburi nach Phitsanulok, falls es das überhaupt noch gibt. Wir verbrachten zwar einen faszinierenden Drehtag dort, aber bekanntlich hatten ja auch die Redakteure des *STERN* viel Spaß mit »Hitlers Tagebüchern«, ehe sie merkten, dass sie einem Schwindel aufgesessen waren.

Schon in Deutschland hatten wir von dem Waldkloster gehört (*Tham* bedeutet so viel wie »Höhle«), und die Idee klang bestechend: Jugendliche Junkies, bei denen alle anderen Methoden versagt haben, würden hier unter der Aufsicht von Mönchen durch Steineklopfen, Meditation und kollektiven Druck zum harten Entzug gebracht, vor allem aber durch ein Kräutergetränk, nach dessen Einnahme sie stundenlang ihre Seele aus dem Leib würgen und sie dadurch gewissermaßen erneuern – unter dem Ansporn und Jubel sämtlicher Teilnehmer. Nach vier bis sechs Wochen dieser Rosskur wären sie geheilt und würden schon beim Anblick von Drogen das Kotzen kriegen.

Die Zufahrt zum Kloster über einen langen, holprigen Feldweg ist eindrucksvoll: Unvermutet tauchen zwischen den Hügeln baumgroße Buddha-Statuen auf, die wie Steinkolosse wirken, aber nur mit grauem Lehm beschichtete Holzgerüste sind. Dahinter sehen wir Pyramiden aus groben Felsbrocken, vor denen Halbwüchsige hocken und sie mit Hammer und bloßen Händen in schottergroße Stücke zerhauen. Dann endet der Weg vor einem noch gewaltigeren Buddha, sicher zehn Meter hoch, als Wächter vor den Gebäuden der Klosteranlage.

Abt Gordon persönlich empfängt uns, ein schwarzer Ex-GI mit Vietnam-Vergangenheit und Harlem-Akzent; der als Nachfolger eines deutschen Mönchs namens Peter Reiter das Kloster leitet. Er trägt die braune Robe der Landmönche, die zum Unterschied von den safrangelb gewandeten »normalen« Mönchen meist in der freien Natur leben und in frommer Kargheit jede auch noch so weite Strecke zu Fuß zurücklegen. Freundlich, beinahe überschwänglich begrüßt er mich, und kaum hatte Stefan seine Kamera herausgerissen, beginnt auch schon seine Führung.

»Das sind die Neuzugänge«, erklärt Gordon und zeigt auf Jammergestalten, die in Gitterkäfigen eingepfercht sind, verspottet von den bereits Fortgeschrittenen, denn ohne Erniedrigung keine Erleuchtung, lautet die Regel. Dann kommen wir an der Küche vorbei, daneben das Kräuterlabor für die Reinigungstinktur – und plötzlich wimmelt es rund um uns von jungen Menschen. Beim Erscheinen des Abtes formieren sie sich wie auf ein Kommando zu ordentlichen Reihen, beginnen zu trommeln und zu singen, und dann treten die Novizen nach vorn, ein Dutzend Jungen und ein Mädchen. Sie knien vor Plastikeimern nieder und empfangen aus einer Kokosnussschale den Wundertrank. Sie nehmen einen tiefen Schluck, verdrehen die Augen nach oben – und übergeben sich. Tapfer trinken sie weiter, und sofort kommt alles hoch. Immer und immer wieder, dass es in den Eimern nur so platscht.

Tolle Bilder, bewegende Szenen, faszinierende Handlung – was könnte man für einen Reportagefilm mehr erwarten? Höchstens noch, dass die Geschichte auch stimmt. Das tat sie nämlich leider nicht.

Natürlich hätte ich bereits zu Anfang der Begegnung misstrauisch werden können, als Abt Gordon eine Zigarette nach der anderen ansteckte. Denn Rauchen gehört nicht zu den mönchischen Tugenden, und Kettenrauchen in einem Entziehungsheim schon gar nicht. Auch dass er die vereinbarte »Spende«, das Eintrittsgeld für den Dreh, schon im Voraus in Empfang nahm und sofort in sein Büro trug, war ungewöhnlich; ein Abt im Geiste Buddhas verachtet Geld – man legt es diskret irgendwo neben ihn, und er würde sich niemals dafür bedanken, da das Schenken eine Gnade für den Geber ist, nicht für den Nehmer.

Mir hätte auch auffallen müssen, dass er der einzige Mönch unter den Hunderten von Heilsuchern war, kein zweiter ließ sich während des ganzen Tages blicken. Und ebenso unübersehbar war der nagelneue Luxus-Mercedes vor seiner Tür, wo er doch laut Ordensregel niemals ein Fahrzeug benutzen dürfte. Spätestens aber als wir vor dem Generatorenhäuschen des Klosters standen, hätte mir endgültig ein Licht aufgehen müssen. Denn als ich Gordon angesichts der vielen Fässer fragte, wie sich das Kloster den Treibstoff leisten könne, antwortete er, mittels einer magischen Formel und Buddhas Segen würde er Wasser in Diesel verwandeln. Ich hielt dies für eine mystische Übertreibung und nahm es nicht weiter ernst. Auch im Vatikan gibt es schließlich eine eigene Abteilung für Wunder. Und wenn die Kamera läuft, ruht der Verstand.

Erst ein gutes Jahr später, als der Film längst fertig gestellt und schon mehrfach ausgestrahlt war, erfuhren wir: Gordons Kloster ist geschlossen, und der Abt sitzt wegen Drogenhandels im Knast. Wenn auch die Idee mit der ausgekotzten Seele anfangs echt und für viele erfolgreich war, war die Anlage unter seiner Führung zu einer Fassade für allerlei illegale Aktivitäten verkommen. Angeblich wurden die »Geheilten« zu Drogenkurieren ausgebildet ...

Wenn wir gerade bei den Klöstern sind: Hüten Sie sich auch vor solchen, in denen eine *floating nun* angekündigt ist, eine im Wasser schwebende Nonne. So was gibt es gleich mehrfach im Land und soll die Kraft der Meditation beweisen, mit deren Hilfe ein frommes Mädchen reglos im Wasser treibt, ohne unterzugehen. Man zahlt Eintritt und darf dann im Blitzlichtgewitter der vorwiegend chinesischen Besucher zuschauen, wie eine weiß gekleidete Frau nach allerlei Brimborium in einen trüben Tümpel steigt und mit ausgebreiteten Armen, den Blick ins Jenseits gerichtet, zum Treibholz wird. Dank zahlreicher Luftkammern, diskret, aber deutlich erkennbar in der Unterwäsche versteckt, KANN sie gar nicht versinken, selbst wenn sie zusätzlich einen Mühlstein trüge. Man könnte natürlich Klarsicht fordern, aber Nonnen im Bikini lässt selbst der tolerante Buddhismus nicht zu.

Und nun zum Thema: Wie sehenswert ist Selbstverstümmelung.

Die *Freak Show* und das Monstrositätenkabinett sind fester Bestandteil unserer Kulturgeschichte. Noch in den fünfziger Jahren durfte auf keinem Rummelplatz die »Dame ohne Unterleib« fehlen, und auf dem Münchner Oktoberfest freuen wir uns auch heute noch über jede gelungene Hinrichtung beim *Schichtl*. In Thailand gibt es ganz oben links, bei Mae Hong Son an der Grenze zur Birma, so was Ähnliches, und ich bin mir nicht sicher, ob ich es Ihnen empfehlen oder lieber davon abraten soll: das Dorf der Padaung, der Frauen mit den Giraffenhälsen.

Die Padaung sind eine Untergruppe des landlosen, im Dauerkonflikt zwischen Thailand und Birma zerriebenen Karen-Volkes, nicht viel mehr als etwa siebentausend Menschen, die nach jahrzehntelanger Verfolgung auf der thailändischen Seite entlang der Dschungelgrenze eine Art halb legales Asyl gefunden haben. Junge Männer werden Sie in diesen Dörfern nur selten finden – man sagt ihnen allerlei Schlimmes nach, vom Rauschgifthandel bis zum Guerillakrieg. Dafür aber Frauen jeden Alters mit gewaltigen Metallgewinden um den Hals, die Sie gegen Entgelt, an der Dorfkasse zu entrichten, wie im Zoo bestaunen können.

Im Alter zwischen fünf und sieben Jahren windet man den Mädchen nach alter Sitte die erste Messingspirale um den Hals, später kommen weitere dazu, wahlweise auch um die Oberarme und unter die Knie. Das Schönheitsideal ist erreicht, wenn der Hals auf doppelte Länge gestreckt erscheint. Die Kopfhaltung wirkt dadurch stets stolz und erhaben, unter dem Kinn liegt wie bei manchen Konzertgeigern ein kleines Kissen. Nicken ist unmöglich, Beugen geht nur mit dem Rumpf. Das Gesamtgewicht des Metalls kann bei erwachsenen Frauen bis zu fünfzehn Kilo betragen. Verändert haben sich die Halswirbel dadurch nicht, es wurden nur Schulterknochen und Brustkorb nach unten gedrückt und alle Sehnen und Bänder enorm überdehnt. Es ist ein lebenslängliches Schönheitsideal: Beim Abnehmen der Spiralen wäre der Kopf haltlos, und das Genick würde brechen.

Nun kann man argumentieren, dass Selbstverstümmelung zum Zwecke echter oder eingebildeter Schönheit das gute Recht eines jeden Menschen ist, egal, ob es sich um afrikanische Lippenpflöcke handelt oder das Zungen-Piercing bei deutschen Friseusen. Auch an Silikon-Implantaten kann man schließlich sterben. Andererseits lässt sich ein Giraffenhals nur im Kindesalter formen, und bei Fünfjährigen kann man wohl kaum von freier Wahl und Selbstbestimmung sprechen. Eigentlich müsste man also strikt dagegen sein, wäre da nicht die politische Realität: Als Touristenattraktion haben die Padaung eine sichere und geschützte Existenz in Thailand, da ja auch das Umfeld an ihnen verdient. Der Rest des Karen-Volks hat es wesentlich schwerer: Hunderttausende von ihnen sind Zwangsrekruten in der birmesischen Armee, Drogenschmuggler im Goldenen Dreieck, illegale Halbsklaven in Thailand oder Dschungelkämpfer in einem aussichtslosen Dauerkonflikt.

Ich überwinde mich jetzt mal und sage: Fahren Sie trotzdem hin. Nicht nur, weil dort in einer Hütte von Mutter und Tochter wie bei den Schneidern von Bangkok mein

Autogrammfoto hängt, gerahmt noch dazu, wie man mir mehrfach berichtete. Sondern weil wir Touristen die Überlebensgarantie der Padaung sind.

Dafür dürfen Sie sich die »Brücke am Kwai« schenken. Zumindest das, was dort für jeden Abend als »Ton- und Licht-Show« angekündigt ist.

Buch und Film haben die Brücke, bei Kanachaburi westlich von Bangkok gelegen, zum Pflichtstück für Touristen gemacht, vor allem, wenn sie aus Amerika, England oder Japan kommen, denn sie ist der stumme Zeuge eines kriegerischen Wahnsinns. Anfang des Zweiten Weltkriegs, als Thailand noch mit Hitler sympathisierte und mit dem japanischen Kaiser ein Bündnis schloss*, nutzten die Japaner diese neue Freundschaft, um eine Eisenbahnlinie von Bangkok nach Birma zu bauen, mehr als tausend Kilometer quer durch Berge und Dschungel, zur Sicherung des Nachschubs im Krieg gegen die Engländer. Da dies in möglichst kurzer Zeit passieren sollte, fand ein rücksichtsloses Menschenopfer statt: 250 000 asiatische Zwangsarbeiter und über 60 000 alliierte Kriegsgefangene wurden für den Bau eingesetzt, mehr als ein Drittel kam dabei ums Leben.

Amerikanische Bomber zerstörten die Brücke im letzten Kriegsjahr, und die Japaner bauten sie als Geste der Versöhnung später wieder auf. Die Bahnstrecke selbst aber zerfiel schneller, als sie errichtet wurde. Nur die paar Kilometer bis Nam Tok wurden wiederhergestellt, wie

---

* Ende 1941 erklärte Thailand sogar den USA den Krieg, doch in einem der genialsten politischen Manöver alle Zeiten »vergaß« der thailändische Botschafter, die Kriegserklärung an den amerikanischen Präsidenten weiterzuleiten, und ein paar Jahre später war die Sache vergessen: Thailand wechselte die Seite und wurde Partner der Alliierten.

jeder weiß, der mit dem Orientexpress diesen kleinen, romantischen Schlenker auf dem Weg von Bangkok nach Singapur gefahren ist.

Natürlich sollten Sie einmal über diese Brücke laufen. Zwischen den Schienen ist ein Brettersteg ausgelegt, und Sie können sich gefahrlos darauf bewegen, denn Züge verkehren hier nur alle paar Stunden und fahren im Schritttempo, mit gewaltigem Warngetöse im Vorfeld. Aber es lohnt nicht, dafür über Nacht zu bleiben, denn das abendliche Spektakel ist eintönig und ermüdend: endlose Erzählungen meist nur auf Thai, dazu Kampflärm aus dem Lautsprecher, ein bisschen Feuerwerk, und schließlich ein Zug, der in gespenstischem Farblicht schmauchend und pfeifend über die Brücke fährt.

Um ehrlich zu sein, gibt es auch noch einen ganz persönlichen Grund, warum mir diese Brücke unsympathisch ist: wegen eines missglückten Drehs, an dem Wolpers ausnahmsweise unschuldig ist.

Zwar sind es die Thailänder gewohnt, dass wir *Farangs* diesen Fluss »Kwai« nennen, aber ein bisschen peinlich ist es ihnen schon. Denn *kwai* bedeutet auf Thailändisch »Penis«, zum Fluss sagen sie *kwae*. Weil ich das komisch fand, wollte ich es natürlich in meine Moderation einbauen, als Schlusspointe der Szene, wenn gerade ein Zug über die Brücke donnert. Ich weiß noch genau, wie mein letzter Satz lauten sollte: »Wenn Sie sich verirrt haben und den Fluss suchen, bitten Sie niemals einen Einheimischen, er solle Ihnen den *kwai* zeigen, denn *kwai* heißt auf Thailändisch ›Penis‹!«

Das war eine billige Zote, aber durch einen raffinierten Dreh wollten wir sie zum Kunstwerk erheben: Ich würde mitten auf dem Fluss am Brückengeländer stehen, in einer der vielen Ausbuchtungen zum Schutz der Fußgänger, Stefan mit seiner Kamera mir gegenüber auf der anderen Seite. Kurz bevor der Zug zwischen uns durchbraust, würde ich zu reden beginnen. Da die Uralt-Waggons nur gekoppelt waren, nicht aber miteinander verbunden, würde dazwischen immer wieder für den Bruchteil einer Sekunde mein Gesicht auftauchen ... Und genau da sollte das Wort »Penis« fallen.

Nun kriegt man natürlich keine vernünftige Tonaufnahme zustande, wenn man vor einem fahrenden Zug steht und redet, weshalb wir das Ganze trennten: erst das Bild, für das es ohnehin nur eine einzige Chance gab, ohne einen halben Tag auf den nächsten Zug warten zu müssen, und danach in aller Ruhe der Ton, den man ja im Schnitt an jede beliebige Stelle schieben konnte. Wichtig war nur, dass das Wort »Penis« lippensychron auf meinem Mund lag, wenn ich jeweils zwischen den vorbeidonnernden Wagen sichtbar wurde.

Und so geschah es, liebe Freunde des gepflegten Humors, dass ich in Thailand mitten auf einer Brücke stand und siebzehn Mal aus vollem Hals »Penis!« schrie, wann immer ich auf der anderen Seite die Kamera sah. Was das wohl für einen Eindruck bei den Leuten im Zug hinterlassen hat? Ich könnte mir vorstellen, dass auch heute noch Leute, die in Schottland oder Texas in alten Reisefotos kramen, plötzlich nachdenklich werden. »Weißt du noch, Martha, wie wir damals in Thailand waren und dieser komische kleine Kerl mitten auf der Brücke des River Kwai ›PENIS!‹ ins Abteil gebrüllt hat?« – »O ja, John. Bestimmt so ein Sextourist aus Deutschland.«

Das Kunstwerk scheiterte, Stefan hatte unbrauchbare Bilder geliefert. Er ist eben doch nicht immer der Größte.

Abschied vom dummen Huhn

Was wohl aus dem dummen Huhn geworden ist? Aus dem schwarzen Schwan? Und dem schönsten Gänse-Ehepaar von Südostasien und Umgebung? Ob sie jetzt wirklich im Königspalast wohnen, da es ihr Heim nicht mehr gibt, das verträumte *Interconti* und seinen Garten?

Über fünfundzwanzig Jahre lang war das *Siam Intercontinental Hotel*, wie sein voller Name lautet, meine Absteige in Bangkok. Nicht, weil es besonders luxuriös war – dafür war es im Laufe der Jahre schon zu gebrechlich geworden, um mit den anderen Nobelherbergen der Stadt ernsthaft zu konkurrieren, viel zu altmodisch in Zimmergröße und Ausstattung. Aber gleich hinter der Eingangshalle lag dieser Garten ... Was heißt »Garten«: ein tropisches Park-Idyll vom Feinsten, hunderttausend Quadratmeter mit Teichen und Kanälen, mit Palmen, Baumriesen, Orchideen und Luftwurzeln, mit Blumengarten und Bambuswäldchen, und mit seinen wunderbaren Dauergästen: Pfauen, Schwänen, Enten und Gänsen, die frei und unbeschwert über die Wiesen wandeln durften, sowie drei ehrwürdigen Pelikanen, die wie schmutzig graue Denkmäler auf Holzpflöcken mitten in einem der Teiche hockten.

Verlief man sich weiter hinten im kleinen Regenwald, stieß man auf Volieren mit Zwerghühnern, deren beide Hähne den ganzen Tag damit beschäftigt waren, sich gegenseitig die Mädels abzujagen, sowie auf einen Schwarm weißer Tauben, die tatsächlich so friedlich waren, wie man uns immer vorgesungen hatte, als es die DDR noch gab. Als Nachbarn hatten sie zwei Vertreter jener Papageienart,

Unglaublich, aber wahr: Es gibt tatsächlich noch schlichtere Anlegestellen als den Cellpap-Pier von Hamburg. Gleich beginnt unsere Reise auf dem Irrawaddy-Fluss, doch vorher muss ich mir noch die Schimpfrede meiner Frau anhören, die als rotweiße Galionsfigur vorn auf dem Brückendeck steht: »Watest du schon wieder im Schlamm? Zieh dir ja die Schuhe aus, bevor du die Kabine betrittst!« Habe ich gemacht, war aber sinnlos, da auch meine Hosenstulpen voll Schlamm waren. Das bemerkten wir aber erst, als ich die Hose aufs Bett warf.

Kindermönch in Birma: Demut, Bescheidenheit, Erleuchtung und eine grüne Wasserpistole, mit der er Passanten beschießt.

Suchbild im Pagodenwald von Bagan: Wo ist Feuerstein?

Märchenland Birma: Schneewittchen und die sieben Zwerge.
Ersteres können wir aber leider nicht sehen, da es gerade dieses
Foto macht.

Eine Querstange, eine Holzkiste, ein drittes Rad und die Gewissheit, dass es keinen TÜV gibt ... und schon wird aus dem Fahrrad ein Taxi.

Ich dachte, Warten auf Godot würde am längsten dauern.
Aber Godot (rechts hinter mir) ist inzwischen gekommen.
Auf den Fahrer, den uns Don Williams schicken sollte, warte ich jedoch immer noch vergeblich.

die in den Kreuzworträtseln am häufigsten vorkommt, in der freien Natur aber nur noch ganz selten: zwei Aras, rot gefiedert und fast genauso alt wie ich, aber noch mürrischer und ungeselliger, falls das überhaupt möglich ist. Früher gab es auch noch einen leicht erregbaren Nashornvogel, der gleich am Eingang des Gartens in seinem Käfig lauerte und manche Gäste so laut anschrie, dass sie gleich wieder kehrtmachten und ins vornehme Oriental übersiedelten, wo nur hohe, aber keine lauten Tiere wohnen.

Natürlich gab es auch Fische in allen Größen, die man im sumpfig braunen Wasser allerdings nur erahnen, aber so gut wie nie sehen konnte. Hin und wieder platschte und brodelte es, wenn sich eine scheue Schildkröte entdeckt fühlte und erstaunlich gewandt vom Uferrand ins Wasser sprang. Und bei nächtlichen Rundgängen musste man gut aufpassen, nicht auf einen Frosch zu treten, der sich die moderne Technik zu Nutze gemacht hatte und am Wegesrand unter einer Glühbirne wartete, weil er wusste, dass die Insekten dem Licht nicht widerstehen können.

Nun findet man paradiesische Hotelparks gewiss auch noch anderswo auf der Welt, in kleinen Kurorten, auf entlegenen Südseeinseln oder weit hinter dem Stadtrand rund um ein altes Schloss. Aber der Wahnsinn des *Interconti* bestand darin, dass es mitten in Bangkok lag, im quirligen Nobelzentrum direkt um die Ecke des Siam-Center, dem Designer-Wunderland, wo sich die beiden Linien der erst vor wenigen Jahren gebauten Hochbahn kreuzen und von wo aus man, ob man will oder nicht, schon nach zwei Stationen in Patpong landet, dem Fleisch gewordenen Albtraum von Ramsch und Sex.

Flach geduckt, in einer Mulde zwischen den Hochhäusern, wussten nur Kundige, was sich gleich hinter dem

Eingang versteckte: zehn satte Hektar des teuersten Bodens, den Bangkok zu bieten hat – und nichts darauf als Landschaft und Tiere. Der Grund dafür konnte nur ein Märchen sein. Und das war es auch. Ein königliches noch dazu.

Der Märchenonkel war König Mongkut*, der vierte Herrscher der gegenwärtigen Chakri-Dynastie und als Rama IV. Urahne des heutigen Königs Bhumipol. Mitte des 19. Jahrhunderts ließ Mongkut an dieser Stelle – damals noch weit außerhalb der Stadtgrenzen gelegen – auf einer Fläche von zwanzig Hektar einen Lustgarten nebst Minipalast anlegen. Hundert Jahre später baute dann Bhumipols Vater das Anwesen großzügig aus, nannte es *Sra Pathum*, »Lotusteich-Palast«, und zog selbst darin ein – man will ja im Alter seinen Kindern nicht zur Last fallen.

Seit seinem Tod residierte die Königsmutter** dort allein. Möglich, dass ihr der Garten zu groß wurde, vielleicht waren es auch die Personalkosten, jedenfalls wurde Anfang der sechziger Jahre beschlossen, dass die Hälfte des Geländes für eine allein stehende, alte Dame eigentlich ausreicht. Da ein Verkauf nicht in Frage kam – für königlichen Grund und Boden wäre das in Thailand un-

---

* Mongkut holte im Versuch, sich dem Westen zu öffnen, eine Englischlehrerin an den Hof und diente damit als Vorlage für den schon vorhin genannten Hollywood-Klassiker »Der König und ich«. Weil ihn aber Yul Brynner so prall und lüstern darstellte, ist dieser Film (aus dem Jahr 1956) bis heute in Thailand verboten.

** Im Deutschen ist man geneigt »Königinmutter« zu sagen, nach dem Vorbild der populären Queen Mum von England. Aber im Fall von Thailand wäre das falsch, denn »Königinmutter« kann man nur sein, wenn man selbst einst Königin war. War sie aber nicht. »Prinzessin-Mutter« lautet deshalb ihr offizieller Titel, oder »Mutter Seiner Majestät«.

denkbar –, wurde der überschüssige Teil zur Verpachtung ausgeschrieben.

Investoren aus aller Welt rissen sich um diese einmalige Chance, denn das war die Zeit des Vietnamkriegs, die amerikanischen Soldaten hatten Bangkok gerade als Kurzurlaubsziel für Lust und Laster entdeckt, die Stadt erlebte ihren ersten Touristenboom. Doch gab es bei der Planung das gleiche, unüberwindbare Hindernis, das mich im verfallenen Bootshaus gezwungen hatte, heimlich auf Dachbohlen zu klettern: Niemand außer Buddha darf auf den König herabschauen.

Das Tabu wurde zur Bauvorschrift: Jede Art von Gebäude, das einen Blick in den Garten der Königsmutter zuließe, war chancenlos. Aus war damit der Traum der Investoren vom Hochhauskomplex, machbar war nur ein tief gestapeltes Parkhotel, umgeben von einer hohen Mauer. Empfangshalle und Restaurants wurden unter einem siamesischen Riesendach ohne Ausguck versteckt, die beiden Gästeflügel mit dem Pool in der Mitte blieben mit ihren beiden Stockwerken noch unter der Baumhöhe, und alles ordnete sich der flachen Natur des Gartens unter ... jetzt mal abgesehen von einem hässlichen fünfstöckigen Nebengebäude direkt an der Straße, in dem die Pauschaltouristen weggesperrt wurden, abseits und unsichtbar, außer zum Frühstück. Aber auch von dort war der Blick ins königliche Privatleben unmöglich. Ebenso wie im später erbauten Siam-Center gab es hier Fenster nur auf drei Seiten; die Rückseite, dem Palast zugewandt, blieb zugemauert und aussichtslos.

Als ich 1976, bei meinem ersten Thailand-Besuch, das *Interconti* entdeckte, war es schon zwölf Jahre alt. Am 11. Dezember 1964 hatte es die königliche Pachtgeberin von nebenan persönlich eröffnet, und zwar Punkt zehn Uhr morgens, einer Stunde, die der Hofastrologe als die günstigste errechnet hatte – für sich selber wahrscheinlich, damit er nicht so früh aufstehen musste. Und auf dass auch wirklich nichts schief geht, wurden gleich zwei Geisterhäuschen auf dem Grundstück errichtet: das eine vorn beim Eingang, das andere ganz hinten, versteckt unter den Bäumen, für die Geister, die den Straßenlärm nicht mögen ...

Keinem Hotel der Welt habe ich so sehr die Treue gehalten: Mindestens einmal im Jahr war ich dort, Pflichtstation auf jeder Asienreise, Zwischenstopp auf dem Weg nach Australien, und wenn man nach Tahiti oder Hawaii will, ist es mit Umsteigen im Garten des *Interconti* fast gleich weit wie über Los Angeles.

Da bleibt es nicht aus, dass man über die Jahre auch persönliche Kontakte knüpft: mit der schelmischen, ein bisschen boshaften Khun* P'pi, die für die Reservierungen zuständig war, bis sie, nach einem guten Jahrzehnt, auf die andere Seite der Mauer wechselte, als Hofdame im Lotusteich-Palast. Oder dem alten Pool-Steward, der mich nach dem Mittagsschläfchen immer mit dem besten Getränk der Tropen verwöhnte, dieser Wunderkur, die alles zu heilen vermag, vom Jetlag über den Kater bis zu den fernöstlichen Verwandten von Montezumas Rache: frischer, eisgekühlter Kokosnusssaft direkt aus der Schale. Und vor allem mit Khun Sompong, dem Chef-Concierge, Berater und Freund, der mir beim Betreten der Hotelhalle immer schon von weitem entgegenrief, dass es nichts

---

* »Khun« ist die übliche thailändische Anrede, der oder die »Ehrenwerte«, gültig für beide Geschlechter.

Neues gab: »No fax, no message!« – wobei er das »x« immer als »ck« aussprach, was alle männlichen Geschäftsleute in der Lobby verwundert aufblicken ließ, weil Enthaltsamkeit in Bangkok in ihren Kreisen unvorstellbar ist.

Natürlich erstreckten sich diese Kontakte auch auf die Tiere. Zugegeben, mit einigen klappte die Kommunikation nicht so toll, die Papageien waren zu launisch, die Pelikane zu weise, die weißen Schwäne zu arrogant. Aber mit anderen entwickelten sich richtige Freundschaften. Mit dem schwarzen Schwan zum Beispiel und mit den beiden Gänsen, mit dem »Neun-Uhr-Pfau« und vor allem mit dem dummen Huhn.

Den schwarzen Schwan habe ich schon vor einigen Jahren kennen gelernt. Man hatte ihn im Hotel abgegeben, in jämmerlichem Zustand: Flügel gebrochen, ein Bein verletzt, Probleme mit dem Hals. Da die arroganten weißen Schwäne sofort über ihn herfielen, zog er sich in die hinterste Ecke des Regenwäldchens zurück, und da er sich anfangs kaum bewegen konnte, lehnte er jede Annäherung mit Schnabelhieben und Fauchen ab. Aber bei meinem nächsten Besuch, ein halbes Jahr später, ging es ihm schon wesentlich besser. Allmählich wurde er zutraulich und watschelte mir entgegen, wenn ich mit Weintrauben kam, und zuletzt sah er wieder so stolz und prächtig aus, wie man das von einem Schwan erwartet. Er bewohnte immer noch das gleiche Revier fernab von den anderen Schwänen, teilte es aber inzwischen mit zwei weißen Gänsen, einem Ehepaar, das alles im Einklang betrieb, synchron wie die Kessler-Zwillinge: gründeln, fressen, schnattern und marschieren. Im Gänsemarsch natürlich.

Den »Neun-Uhr-Pfau« hatte meine Frau so getauft, weil er täglich Punkt neun auf der Gartenseite unseres Zimmers aufkreuzte und so lange schrie, bis er von ihr eine Weintraube oder ein Stück Banane bekam. Dann schlug er ein Rad, um ihr zu zeigen, dass er schöner war als ich, und stolzierte davon, zu seinem Kumpel, dem »Hupen-Pfau«, der anders als seine Artgenossen nicht mit dieser weinerlichen Mischung von Katze und Baby schrie, sondern immer nur einen einzigen, dumpfen Ton ausstieß, wie die Gummihupe eines Bugatti der dreißiger Jahre.

Am meisten aber liebten wir das dumme Huhn. Wir nannten es so, weil es in einen Pfau verliebt war, obwohl es selbst gar kein Pfauenmädchen war, sondern ein Perlhuhn *(Numidia meleagaris)*, das einzige seiner Art im Hotelgarten. Mit seinem kahlen Kopf und dem viel zu großen Leib war es nicht gerade eine Schönheit, aber in seiner Treue bewundernswert: immer im Windschatten des Angebeteten, immer unaufdringliche drei Schritte hinter ihm ... Durchaus möglich, dass der Pfau in all den Jahren seinen Kurschatten noch gar nicht bemerkt hat. Unbestechlich war es noch dazu. Denn während die Pfaue sofort antrabten, wenn meine nachmittägliche Kokosnuss aufgetischt wurde, weil sie wussten, dass sie das Fruchtfleisch zum Abschlabbern kriegten, ließ sich das dumme Huhn durch kein Fressen der Welt ablenken: Es hatte nur Augen für seinen Pfau und für nichts anderes auf der Welt. Mehrmals versuchte ich, meine Frau auf dieses beispielhafte Vorbild der Natur aufmerksam zu machen, aber sie sagte nur »aha« und las weiter in der Biographie Anna Schopenhauers, der Mutter des großen Philosophen, deren Leben sich erst zu entfalten begann, nachdem sich ihr Ehemann umgebracht hatte.

Und so vergingen die Jahre. Alle zehn wurde der königliche Pachtvertrag erneuert, dazwischen verfiel das Hotel ein bisschen, wurde aber immer wieder auf Trab gebracht, und ich nutzte die Zeit meiner Besuche, alles über Pfauen zu lernen. Zum Beispiel, dass man seine Füße nicht einziehen muss, wenn sie ganz nahe am Liegestuhl vorbeispazieren, da Pfaue nur an Früchten knabbern, nicht aber an Zehen. Und vor allem, dass sie nicht nur rennen, sondern auch fliegen können: Jedes Mal, wenn es Nacht wird, erinnern sich Pfaue daran, dass sie Vögel sind, und schwingen sich auf einen Baum. Nur da oben fühlen sie sich zum Schlafen sicher, auch wenn es in Hotelgärten längst keine Tiger mehr gibt. Im *Interconti* musste man so was wissen, wenn man nachts unter Bäumen spazieren ging, denn Pfauenkacke ist kein Fliegenschiss und ganz schön ätzend noch dazu.

1997 schlug das Schicksal zu: Königsmutter Srinagarindra, die alte Dame im Palast nebenan, verstarb im Alter von 92 Jahren. Wer je ihr Bild gesehen hat, konnte sich ihrer Ausstrahlung nicht entziehen: ein zarter, zerbrechlicher Körper mit wachen, neugierigen Augen, das esoterische Gegenstück zur prallen Queen Mum von England, die es auf 101 Jahre gebracht hatte, nicht zuletzt dank ihrer täglichen Gin-Ration, da ja Alkohol nicht nur die Zeit schneller vergehen lässt, sondern auch den Körper von innen her konserviert.

Mae Fah Luang nennen die Thailänder die Mutter ihres Königs mit fast religiöser Verehrung noch heute, die »Mutter, die vom Himmel kommt«, weil sie bis zuletzt regelmäßig per Hubschrauber über ihrem Lieblingsprojekt im Goldenen Dreieck eingeschwebt war, ganz oben im Norden, direkt an der birmesischen Grenze. Bis vor zwanzig Jahren überwogen hier noch die heimlichen Mohnfelder, die ganze Gegend war fest in der Hand der

Opium-Mafia. Heute ist daraus *Doi Tung* geworden, eine Art Staat im Staat: 150 Quadratkilometer Bergland wurden aufgeforstet und bilden die Heimat für ein paar tausend Großfamilien der einheimischen Bergstämme, der Akha-, Lahu- und Liseh-Völker.

Wenn Sie zu den Neugierigen gehören, die von Chiang Rai unbedingt die letzten paar Kilometer hoch zum Mekong fahren wollen, zum Dreiländereck Thailand-Laos-Birma: Vergessen Sie das. Nirgendwo ist der Mekong trostloser, und für das Erinnerungsfoto an der Plastiktafel mit der Aufschrift *Golden Triangle* müssen Sie eine halbe Stunde Schlange stehen, weil vor Ihnen ein paar hundert Japaner und Taiwanesen dieselbe Idee hatten. Biegen Sie lieber zwanzig Kilometer vorher nach links ab und fahren Sie die gewundene Straße hinauf nach Doi Tung mit den Dörfern und Werkstätten, dem üppigen Park und dem eigentlich ziemlich bescheidenen Holzpalast der Königsmutter. Und wenn Sie schon mal da sind: Von hier sind es nur wenige Kilometer zur neuesten Touristenattraktion Nordthailands, der *Hall of Opium*, ebenfalls nach der »Himmelsmutter« benannt, wo Sie alles über die Drogenkultur erfahren, was Sie sonst in dieser Gegend niemals zu fragen wagen, weil Sie nicht sicher sein können, ob der Typ neben Ihnen nicht ein Drogenpolizist ist oder ein Opiumhändler der immer noch recht aktiven Shan-Armee ... oder womöglich beides zugleich. Alles ganz toll und aufwändig gemacht, nach dem letzten Stand der Technik vom interaktiven Video bis zum Hologramm. Nur der kleine Blumengarten des Museums mit dem rosa blühenden Schlafmohn und seinen faustgroßen Kapseln ist aus Plastik. Das Risiko, dass jemand nachts zur Ernte kommt, war den Behörden dann doch zu groß.

Natürlich verblieb der gelbe Stadtpalast auch nach dem Tod der großen alten Dame im königlichen Besitz, doch wurden die Regeln nach der Übernahme durch die Erben deutlich gelockert: Da seine Frontseite samt Garten durch dichten Baumbestand ohnehin gegen jedes neugierige Auge undurchdringlich abgeschirmt ist, entfiel das Verbot von Hochhausbauten rundherum. Aus hunderttausend Quadratmetern Parkparadies waren über Nacht hunderttausend Quadratmeter Bauland geworden. In der teuersten Ecke der Stadt.

Sofort waren die Investoren wieder da. Und diesmal war ihr Angebot so hoch, dass kein Hotel der Welt hätte dagegenhalten können. Der Pachtvertrag, ohnehin immer nur auf zehn Jahre geschlossen, wurde nicht mehr erneuert. Das *Interconti* wurde zum Abriss freigegeben.

Im Frühjahr 2002 waren wir zum letzten Mal dort. Alles war wie immer, und das machte den Abschied besonders schmerzlich: Der Neun-Uhr-Pfau war pünktlich zur Stelle, die beiden Aras ließen sich mit Weintrauben füttern und beschimpften uns trotzdem, und das dumme Huhn wandelte schmachtend im Schatten des Pfaus seiner Träume.

Zum Glück befreite uns Khun P'pi von der allerschlimmsten Sorge. Allen Tieren würde es gut gehen, da sei Buddha vor, der Schützer des Lebens. Die Enten, Gänse und Pelikane kämen hinüber in den Garten des Lotusteich-Palastes und die hoch neurotischen Papageien fänden Asyl im Dusit-Zoo. Den Schwänen und Pfauen aber würde allerhöchste Ehre erwiesen: Sie dürften in den Park meines alten Bekannten aus Wien übersiedeln – jawohl, in den Palastgarten von König Bhumipol persönlich. Natürlich zusammen mit dem dummen Huhn.

Zwei Monate später begann der Abriss des Hotels, und als ich im Herbst wiederkam, war nichts mehr davon übrig. Von der Plattform der Hochbahn aus, an der Station »Siam Center«, war nur noch eine riesige Baustelle zu sehen, mit unzähligen Kränen und einer großen Tafel mit dem Hinweis, dass hier das *Paragon* entstehen würde, ein Einkaufstempel, wie ihn die Welt noch nie gesehen hat.

Wolpers habe ich übrigens ins *Interconti* nie reingelassen.

EINE FLUSSFAHRT
IN BIRMA

Mjönma oder so ähnlich

Schuld war diesmal nicht Wolpers, sondern Don Williams, unser Mann in Birma*, unerlässlich für Hotelbuchungen, Flüge und Behördenkram. Er ist so groß wie ich und eine Milliarde Asiaten, beflissen und liebenswert, leider aber völlig konfus. Und so hatte er uns für die dreitägige Schiffsfahrt auf dem Irrawaddy zur falschen Anlegestelle geschickt und damit eine Menge Ärger eingebrockt. Aber eins nach dem andern.

»Wie kann man in eine Militärdiktatur wie Burma reisen?«, fragen viele Moralisten und sämtliche WDR-Redakteure, und ihre Stirnfalten verkünden Missbilligung. Meine auch, denn »Burma« ist falsch, das ist der alte englische Name. Im Deutschen sagt man »Birma«, aber eigentlich ist das auch falsch, denn offiziell heißt das Land »Myanmar«. Doch so unterschiedlich die drei Namen auch geschrieben sein mögen, im Klang sind sie identisch: »Mjönma« sprechen es die Einheimischen aus, mit der Betonung auf dem »ö«, was in englischen Ohren wie »Burma« klingt und in deutschen wie »Birma«. Sie dürfen daher nach wie vor »Birma« oder »Burma« sagen, aber auf Briefen und Visumanträgen sollten Sie Myanmar schreiben, sonst gelten Sie als Kolonialist oder schlimmer noch,

---

* Moment. Das klingt jetzt, als säßen in allen Ländern der Welt Sonderbeauftragte in Lauerstellung und warteten auf Feuersteins Reisebedarf; in Wahrheit gibt es neben Mr. Williams gerade mal einen zweiten solchen »unseren Mann«: Khun Sompong in Thailand. Für den Rest der Welt ist »unser« Reisebüro zuständig sowie meine zweite große Hassliebe nach dem WDR, »unsere« Lufthansa.

als Oppositioneller, und dann gibt's Ärger mit den Generälen. Und damit sind wir beim Thema Militärdiktatur.

Das ist so eine Sache mit der politischen Korrektheit. Würden wir sie einhalten, dürfte man so gut wie gar keine Reisen mehr machen: Die arabischen Emirate sind alles andere als Demokratien, in den USA haben Ausländer inzwischen jeden Rechtsschutz verloren, in China sind Demonstrationen lebensgefährlich und Grönland ist eine dänische Kolonie – um nur mal ein paar unserer besten Freunde zu nennen. Natürlich ist Birma eine Militärdiktatur, eine kleinkarierte und intolerante noch dazu, die mit plumpen, oft grausamen Methoden bemüht ist, diesen Vielvölkerstaat von 50 Millionen Menschen auf der doppelten Fläche Deutschlands unter Kontrolle zu behalten. Mein Fernbleiben würde daran keinen Deut ändern, mein Besuch hingegen verhilft ein paar Leuten zu ein paar Dollar, die sie dringend brauchen, und ist vielleicht auch ein winziger Beitrag zum besseren gegenseitigen Verstehen.

Birma bietet sich dem Besucher als liebenswertes, fröhliches Land dar, das zumindest jenen, die nicht mitmachen wollen, die Flucht zu Buddha gestattet – nirgendwo in Asien gibt es mehr Mönche im Verhältnis zur Gesamtbevölkerung als hier. Zwar ist das Auge der Generäle allgegenwärtig und der Geheimdienst alles andere als geheim, doch gibt es hier unendlich weniger Gewalt als in vielen Ländern Schwarzafrikas, deren Millionen Tote und Vertriebene wir schon so viele Jahre lang ignorieren oder verdrängen. Aber ganz abgesehen davon: Meine Neugier erträgt kein Reiseverbot. Ich fahre, wohin ich will. Nach Miami ebenso wie nach Dubai, nach China und nach Grönland, selbst nach Schwarzafrika. Die Welt ist voller Widersprüche, und Gerechtigkeit eine Illusion. Wer meint, auf der Seite der Wahrheit zu stehen, hat von vornherein verloren.

Es war schon die dritte Reise nach Birma, zum zweiten Mal mit meiner Frau. Denn die erste Reise in ein neues Land muss ich immer allein antreten, um zu erkunden, ob es dort Spinnen oder Quallen gibt. In solche Länder fährt sie nicht. Zum Glück sind Spinnen und Quallen in Birma unbekannt, und ich schwöre Ihnen, das stimmt. Denn diese Zeilen werden ja auch von meiner Frau gelesen, und die würde nie wieder mit mir reisen, wenn ich die Unwahrheit sagte. Ob ich jetzt beim Niederschreiben mit den Augen zwinkere oder zwei Finger hinter meinem Rücken gekreuzt halte, kann ja keiner sehen. Also wiederhole ich: In Birma gibt es weder Spinnen noch Quallen, und damit basta.

Wie immer holte uns Mr. Williams am Flughafen von Yangon ab, der Hauptstadt Birmas am Golf von Bengalen, und wie immer war er im Chaos der Wartenden, das einen umspült, wenn man von der disziplinierten Ordnung eines Weltflughafens in die Wirklichkeit einer armen, aber über alle Maßen vitalen Millionenstadt ausgespien wird, sofort erkennbar: Im makellosen Anzug, die schwarze Aktentasche in der Linken, trat er aus der Menge, verbeugte sich und hielt mit ernster Miene eine kurze, wohlgesetzte Rede, ungeachtet der Hotellotsen und Taxifahrer, die von allen Seiten an den Ärmeln zerrten. Aber da dies schon unsere dritte Birma-Reise war, störte es uns nicht weiter, denn wir wussten, es würde alles gut gehen, auch wenn uns verwegen aussehende Kerle bereits am Gepäckband alle Koffer und Taschen entrissen hatten und in verschiedene Richtungen davongestürmt waren. Mich selber hätte das auch schon beim ersten Mal nicht gestört, denn ich bin über alle Maßen vertrauensselig und überlasse Unbekannten lächelnd auch die Tasche mit Geld und Reisepass. Ich bin zwar schon des Öfteren bestohlen worden, aber weil es im Showgeschäft ständig passiert, dass man für nichts zu viel Geld kriegt, bin ich fast erleichtert, wenn es mir jemand hin und wieder unrechtmäßig abnimmt; ich habe dann bei der nächsten Honorarverhandlung gleich viel weniger Schuldgefühle.

Ebenso ernst und feierlich erfolgte nun die Übergabe der Flugscheine und Tickets für das Schiff. Zu diesem Zweck nahm Mr. Williams einen großformatigen Notizblock aus dem Aktenkoffer und trug in die von ihm selber sorgfältig vorlinierten Rubriken jede Einzelheit unserer Transaktionen ein. Natürlich händigte er uns die falschen Unterlagen aus, für ein Ehepaar, das erst morgen kommen würde, und natürlich verrechneten wir uns mehrfach beim Addieren und dem anschließenden Geldzählen. Aber da die Übergangszeit zum Inlandsflug mehr als zwei Stunden betrug, mussten wir wenigstens nicht gelangweilt in einem Wartesaal sitzen und auf Anzeigetafeln starren, die ohnehin nicht funktionierten.

Der Inlandsflughafen von Yangon liegt zwar nur um die Ecke des internationalen Teils, aber wegen des Gepäcks braucht man ein Taxi. Mr. Williams war ungehalten, weil der Taxifahrer für die Strecke einen ganzen Dollar verlangte, und nicht, wie für Einheimische üblich, einen halben, und als ich einen zweiten Dollar drauflegte, weil ich kein Einheimischer bin, sondern ein Big Spender, der einen Ruf zu wahren hat, warf er mir einen missbilligenden Blick zu und murmelte, wie sehr doch die Touristen die Preise im Land verdürben. Wahrscheinlich hatte er Recht, denn die beiden Kofferträger, die ich vorher mit je einem Dollar entlohnt hatte, machten ein ziemlich unglückliches Gesicht, was ja nun gar nicht zur weltwirtschaftlichen Position Birmas passte. Denn ein Dollar, schwarz eingetauscht für das Vielfache des amtlichen Kurses, ist hier ein Haufen Geld, zwar nicht gleich die halbe Miete, aber ein solides Abendessen allemal. Doch gleich danach wurde mir klar, was ich falsch gemacht hatte: Meine Geldscheine waren alt und zerknittert, hier aber will man die Dollar glatt und neu. Warum, ist nicht unbedingt logisch, denn die einheimischen Kyat-Scheine (»Tschät« ausgesprochen) werden von jedermann ohne Zögern auch in erbärmlichstem Zustand angenommen. Vielleicht, weil der Dollar in diesem bitterarmen Land so was wie ein Fetisch ist, ähnlich wie in Indonesien, wo stark gebrauchte Scheine sogar von den Banken abgelehnt werden? Es ist daher wichtig, bei Reisen in diese Länder – und dazu zählen auch Vietnam und Kambodscha – nicht nur ein großes Bündel einzelner Dollarnoten mitzunehmen, da Wechselgeld fast nie vorhanden ist, sondern zusätzlich von der Hausbank zu verlangen, nur druckfrische Scheine hinzublättern.* Denn Dollarnoten wandern hier in den Sparstrumpf, nicht in den Umlauf, und unwissentlich hatte ich den beiden Trägern eine gar nicht so einfache Prozedur aufgezwungen: Sie mussten anschließend meine beiden Dollar säubern und bügeln,

---

* Verlangen Sie aber auf keinen Fall »frisches Geld«, denn sonst kriegen Sie gar nichts. Das ist nämlich unter Bankern der Fachausdruck für das Eingeständnis, dass Sie pleite sind und Ihre Schulden nur noch zahlen können, wenn Sie die Bank ein letztes Mal aus der Scheiße rausholt.

die in solchen Fällen hier übliche – und weltweit wohl einzige legale – Form der Geldwäsche.

Dankbar nahmen wir Abschied von Mr. Williams, denn noch wussten wir nicht, dass er uns morgen mit der falschen Anlegestelle die Schiffsreise verderben würde; und ebenso wenig wussten wir, dass er den falschen Flug gebucht hatte: Statt der flinken Nonstop-Maschine nach Mandalay, die gerade zum Einsteigen bereit war, hatte er uns für elende Stunden später eine Langversion angedient, mit Zwischenstopp in den Shan-Bergen. Und so umarmten wir arglos und herzlich denselben Mann, den wir nur zehn Minuten später furchtbar beschimpfen und am nächsten Tag zur Ermordung freigeben würden.

Die Halle für den Inland-Abflug hat nur noch wenig von dem ordentlichen, disziplinierten Weltflughafen von nebenan. Hier scheint das Chaos zu regieren – freilich nur im Tunnelblick unserer westlichen Augen, weil wir erzogen wurden, uns auf Anzeigetafel und Bildschirme zu verlassen. Fehlen diese, werden Überlebensinstinkte aus der Höhlenzeit wach, primitive Herdentriebe: Wir werden zu Büffeln, die voller Panik dem Aussterben entgegendonnern, zu klippenspringenden Lemmingen. Und so wühlten wir uns sinnlos durch falsche Warteschlangen und rannten, wann immer menschenähnliche Laute aus dem Lautsprecher krächzten, zu falschen Ausgängen. Bis dann endlich auch bei uns die große Ruhe Buddhas einkehrte und wir gelassen sitzen blieben, bis einer kam und uns sagte, dass wir dran seien. Darauf kann man sich tatsächlich verlassen: Es kommt IMMER jemand. Westliche Flughafenhöllen wie die verzweifelte Koffersuche vor den Gepäckschleudern von Miami, der lächerliche, sinnlose Versuch, im Terminal 1 von München-Erding sein geparktes Auto jemals wieder zu finden, oder gar das »Phantom von Kelsterbach«, jene ältere Dame, die angeblich schon seit seiner Eröffnung durch den Frankfurter Flughafen geistert, weil sie den Ausgang nicht findet, sind hier undenkbar. Südostasien ist das Dienstleistungsparadies schlechthin. Endlich habe ich verstanden, warum hier jeder Job dreifach besetzt ist: Damit immer einer für mich da ist, wenn die anderen beiden arbeiten müssen.

Drei Fluggesellschaften bedienen das Landesinnere von Birma, flächenmäßig fast doppelt so groß wie Deutschland. Das heißt, für uns Touristen eigentlich nur zwei: Air Mandalay und Yangon Airways, beide in privater Hand, nur gegen Dollar zu buchen und deshalb so gut wie unerschwinglich für Einheimische. Für die Letzteren gibt es die staatliche Myanma Airways*, angeblich ein einziger Horror, schlimmer noch als die Aeroflot in Sibirien, wenn das überhaupt möglich ist: unpünktlich, unverlässlich, mit veraltetem Fluggerät und immer überbucht – außer, man zahlt mit Dollar. Dann kriegt man garantiert einen Platz ... und zwar auf Kosten eines unschuldigen Einheimischen, der in diesem Fall einfach rausgeworfen wird, auch wenn er seinen Sitz schon Monate vorher gebucht hat. Kann man das mit seinem Gewissen vereinbaren? Weshalb wir allein aus Gründen der Solidarität immer nur mit den ersten beiden Linien geflogen sind.

Zum Sonnenuntergang, nach endlos langen, Williamsverfluchenden Stunden, kamen wir in Mandalay an, der alten Königsstadt im flachen, fruchtbaren Kernland Bir-

---

* Lieber Lektor, lieber Setzer, lieber Korrekturleser: Hier fehlt kein »r«. Myanma Airways schreibt sich wirklich so. Egal, wie der Landesname lautet.

mas. Eine gespenstische Ankunft, denn wir waren die Einzigen, die hier ausstiegen, da jeder vernünftige, nicht von Don Williams beratene Mensch natürlich den Direktflug gewählt hatte. Und eine Verschwendung noch dazu: ein riesiger Bus nur für uns, ein eigener Gepäckwagen mit vier Anhängern allein für unsere beiden Koffer. Nur für uns gingen in der gewaltigen, nagelneuen Ankunfthalle, die es im letzten Jahr noch gar nicht gegeben hatte, die Lichter an, und nur um uns stritten sich Dutzende Träger ... und gleich darauf Dutzende Taxifahrer, denn der liebenswerte Mr. Williams hatte die Hotel-Limousine leider zum falschen Flug bestellt, wie wir hinterher erfuhren. Zum früheren.

Wir wohnten wie immer im altehrwürdigen *Swan*-Hotel, direkt an den Mauern der gewaltigen Palastinsel, wo einst der König residierte. Es ist ein liebenswertes Hotel, ein bisschen karg in der Ausstattung, leicht verstaubt in seiner Atmosphäre, aber umso freundlicher in der Betreuung. An der Rezeption versuchen stets mindestens drei Mädchen gleichzeitig, die Wünsche der Gäste zu verstehen, ohne dies jemals zu schaffen. Aus Höflichkeit sagen sie aber trotzdem immer Ja, ebenso wie alle Kellner des Landes, die niemals zugeben würden, dass etwas auf der Speisekarte nicht mehr vorrätig ist – sie verschwinden dann einfach spurlos. Fast wäre meine Frau hier von ihrem Zwangsleiden geheilt worden, aus jedem Land mindestens zehn Postkarten zu schreiben. Herzerwärmend, wie liebenswert und umsichtig ihr die Rezeptionsmädchen dabei halfen, sogar Briefmarken behaupteten sie, auftreiben zu können ... doch keine dieser Karten kam jemals in Deutschland an. Der Frust darüber schien zunächst wie ein heilsamer Schock zu wirken, und unsere nächste Reise verlief tatsächlich zwölf Tage lang postkartenfrei. Doch im Grand Canyon, der ja selber eine einzige Postkarte ist, erlitt meine Frau einen Rückfall. Und weil die von dort verschickten Karten tatsächlich alle ihre Ziele erreichten, kehrte das Leiden in vollem Umfang zurück und wütet heute schlimmer denn je: Sie schreibt jetzt *zwanzig* Postkarten pro Reise.*

Warum eine Badewanne kein Schiff ist

Beim Frühstück am nächsten Morgen bemerkten wir, dass wir auf dem Schiff Gesellschaft haben würden: Eine Reisegruppe von fünfzehn Rheinländern hatte, wie wir aus Gesprächsfetzen hörten, das gleiche Ziel, ein Bus wartete schon auf sie vor dem Eingang. Da hieß es, rasch handeln und sofort ein Taxi organisieren, denn auf keinen Fall durften wir beim Einsteigen die Letzten sein, schon gar nicht bei einem so kleinen Schiff. Und wer jetzt meint, das könne so schlimm wohl nicht sein, kennt die Hauptregel einer Flussreise nicht: Wer zuerst kommt, kriegt die beste Kabine; Reservierungen gibt es nur für Mönche, damit würde ich diesmal nicht durchkommen, in Begleitung meiner Frau.

---

* Es gibt wieder Hoffnung. Von den 20 Postkarten, die sie Anfang 2003 in Trinidad geschrieben hat (und von mir persönlich am Flughafen von Port of Spain in einem richtigen, amtlichen Briefkasten eingeworfen wurden), ist bis heute keine einzige angekommen.

Auf dem Umschlag mit dem Schiffsticket hatte Don Williams gewissenhaft die Ablegestelle notiert. Lange diskutierten die drei Rezeptionsengel mit dem Taxifahrer – er schien verwundert über das Fahrtziel zu sein, und auch sein Preis lag erheblich über dem, was Mr. Williams veranschlagt hatte. Nun hätten wir ganz einfach bequem hinter dem Bus herfahren können oder, noch besser, gleich mit im Fahrzeug drin, es waren ja genügend Plätze frei. Aber im ersteren Fall hätten wir den Vorsprung bei der Kabinenwahl verloren, und zum Letzteren bin ich einfach nicht imstande, dazu ist bei mir die Hemmschwelle zu hoch und der Geselligkeitstrieb zu unterentwickelt, wenn überhaupt vorhanden. Pflichtveranstaltungen verbringe ich deshalb meist den ganzen Abend lang zwischen Säulen und Topfpalmen, und auch mit Freunden treffe ich mich lieber im Restaurant als in unserer Wohnung, aus Angst, sie könnten dort länger als fünf Minuten bleiben.

Dazu kam, dass es sich bei der Reisegruppe um Rheinländer handelte. Zwar durchwegs sympathische Leute, keine Mallorca-geschulten Bräunungs-Aktivisten, für die es in Birma ohnehin nichts zu grölen gäbe, sondern ältere, gebildete Kulturbürger, vermutlich spätreife Sinnsucher vom Typ »Studiosus« – aber eben Rheinländer. Und da ich selbst im Rheinland wohne, kenne ich nur zu gut den Fluch ihres genetischen Defekts: Auf Gruppenreisen bilden sich spontan ganz bestimmte soziale Enzyme, die – ohne Rücksicht auf Klima und Ort – automatisch das zu Hause zehn Monate des Jahres schlummernde Karnevals-Gen aktivieren, das seinerseits wiederum ein umweltgefährdendes Hormon ausschüttet: den rheinischen Frohsinn. Dessen Wirkung ist verheerend: Was zunächst harmlos mit grundlosen Lachsalven beginnt, geht auf dem

Umweg über unverständliche Sprachlaute unweigerlich in rhythmische Krämpfe über, medizinisch »schunkeln« genannt. Eine Kumpanei mit Erbgeschädigten dieser Art würde ich keine Stunde überleben.

Ayeyarwady, »der Erquickende«, *Irrawaddy* in der Tourismussprache (oder *Irawadi*, wenn Sie im *Großen Brockhaus* nachschauen), ist einer der drei kleinen Brüder zwischen den Flussgiganten Ganges und Mekong. Aus der Nähe freilich, vor allem im 40 000 Quadratkilometer großen Mündungsdelta südwestlich von Yangon, wird er selber zum Giganten: über 2000 Kilometer lang, mit Ursprung im östlichen Ausläufer des Himalaya, wo Indien, Tibet und China zusammentreffen, und eigentlich ein Doppelfluss mit dem Zwillingsbruder Chindwin, mit dem er sich in der Mitte seiner Strecke vereint. Sein Verlauf trotzt jeder Ordnung, und das, was bei uns als »Jahrhundertflut« gilt und Katastrophenpanik samt Steuererhöhung auslöst, ist hier Alltag: Jedes Jahr, in der Regenzeit von Mai bis Oktober, steigt der Irrawaddy um mehr als 15 Meter und überschwemmt die Ufer an beiden Seiten oft viele Kilometer weit. Unberechenbar wechselt er dann Teile seines Hauptbetts, formt links und rechts neue Landschaften und schiebt gewaltige Schlamm- und Sandmassen vor sich her, die in der Trockenzeit zu Inseln werden. Da so ein Schwemmboden – das wissen wir noch aus der Schule vom Nil – ganz besonders fruchtbar ist, werden dort Äcker für ein bis zwei schnelle Ernten angelegt, oft auch ganze Nomadendörfer mit dazu, die dann mit der nächsten Flut wieder verschwinden.

Aber auch im Normalzustand hat es der Irrawaddy in sich. Ständig verschieben sich die Sandbänke und Untiefen, es gibt keine markierten Fahrrinnen, jeder Kartierung hat der Fluss bisher erfolgreich widerstanden. Für die Schifffahrt ist das eine aufregende Sache, weil auch der beste Lotse nicht wissen kann, was sich über Nacht unter dem Kiel verändert hat – weshalb man auf Kiele am besten völlig verzichtet: Unser Schiff, die »MV Pandaw«, war laut Prospekt nichts anderes als eine große, flache Badewanne, mit einem Tiefgang von gerade mal einem Meter. Nur so kann man auch in der Trockenzeit einigermaßen sorglos durchs seichte Wasser schrammen, und nur dadurch war mir die Reise überhaupt möglich gewesen, ohne einen Meineid zu begehen – hatte ich doch nach der Eismeer-Kreuzfahrt geschworen, nie wieder ein Schiff zu betreten, auf dem ich essen oder schlafen müsste. Ein *Schiff*, wohlgemerkt. Von einer Badewanne war in dem Schwur nie die Rede gewesen. Ganz abgesehen davon, dass so ein Fluss ja nun wirklich nichts mit der Nordsee gemein hat, die nicht umsonst den Nachnamen »Mordsee« trägt. Denn wenn man schaukelfrei über Gewässer gleitet, in denen man auch mit meiner asiatischen Körperlänge zur Not noch stehen kann, das rettende Ufer stets vor Augen, und das Ganze bei dreißig Grad Celsius, dann ist das keine Schiffsreise, sondern eine Meditation, ein Zustand des Zen. Vorausgesetzt natürlich, es befinden sich keine Rheinländer an Bord.

Als ich zum ersten Mal von diesen Flussfahrten in Myanmar hörte, hätte ich am liebsten eine der aufregenden, großen gewählt, die neuerdings angeboten werden, richtige Expeditionen über zehn Tage und mehr in den Norden, bis an die chinesische Grenze, bisher absolutes Tabuland für den Tourismus. Oder den tückischen Chindwin hinauf, durch Gegenden, wo die Welt stillsteht, mit Dörfern, zu denen keine Straße führt. Aber diese Touren gibt es nur bei ganz bestimmten Wasserständen, höchstens zwei- oder dreimal im Jahr. Nur in seiner unteren Hälfte ist der Irrawaddy ganzjährig schiffbar. Ich hatte deshalb die kleinste Route gewählt, die ersten 200 Kilometer von Mandalay bis zur Tempelstadt Pagan, in drei Tagen und zwei Nächten. Als Einstiegsdroge gewissermaßen. Aber dazu mussten wir erst einmal unser Schiff *finden*.

Von der kleinen Straße aus, auf der wir den Fluss entlangfuhren, sahen wir es jedenfalls nicht. Nicht mal den Fluss selbst. Denn Mitte November, einen Monat nach Ende der Regenzeit, ist der Wasserspiegel längst wieder im Sinken, da muss man schon mehrere Meter über den Uferdamm nach unten klettern. Fast eine Stunde war das Taxi unterwegs, dann hatten wir endlich die Anlegestelle erreicht. Jedenfalls die Anlegestelle von Don Williams: ein armseliger Pier aus ein paar morschen Brettern. Leider ohne Schiff. Und auch weit und breit kein Mensch.

Wir waren ratlos und zunehmend nervös, denn in einer knappen Stunde sollte die »Pandaw« ablegen. Da Birma noch zu weiten Teilen ein glückliches, handyloses Land ist, gab es auch keinerlei Möglichkeit, im Hotel nachzufragen oder wenigstens Mr. Williams zu beschimpfen. Also konnten wir nur das tun, was in Asien im Falle von Frust, Ärger oder Peinlichkeit vorgeschrieben ist: lächeln. Oder es wenigstens versuchen, denn als Europäer bringt man in solchen Fällen kaum mehr zustande als jene verzerrte Grimasse, die ein Gerichtsmediziner im Leichenschauhaus als *Risus sardonicus* diagnostizieren würden, das tödliche Ende des Wundstarrkrampfs.

Unser Taxifahrer, der ebenfalls lächelte – wenn auch um einiges lebendiger –, hatte einen Schatten spendenden

Feigenbaum aufgesucht, den heiligen Baum Buddhas, und ebenso wie der große Fürst des Friedens hatte er dort die Erleuchtung: Hm, er wisse jetzt, wo das Schiff sein könnte: nämlich an einem *richtigen* Pier. Und machte sich mit uns auf den Rückweg.

Nach einer halben Stunde hielten wir tatsächlich an einem *richtigen* Pier. Solides Holz, frisch gestrichen, mit bequemer Treppe über die Uferböschung und sogar ein Wärterhäuschen dazu. Aber leider kein Schiff. Und auch kein Mensch. Nur ein Gitterzaun rundherum, mit einer großen Tafel, der ihn als Anlegestelle für den Luxuskreuzer der Orientexpress-Linie auswies, einen ehemaligen Rheindampfer übrigens, der im Wochenrhythmus von Yangon nach Mandalay gleitet und wo man abends Krawatte trägt und gar nicht aus dem Fenster zu schauen braucht, weil in der Kabine Videofilme über die Landschaft laufen, das Ganze für 2000 Euro pro Nase. Aber was brauchten wir einen falschen Rheindampfer, wo doch echte Rheinländer auf uns warteten ...

Jetzt setzte dieses gewisse Gefühl ein, das jeder Reiseprofi aus eigenem Erleben bestens kennt und gegen das es trotz aller Welterfahrung keine Abhärtung gibt – die »Anschluss-Panik«: Wenn am Bahnhof die Parkgarage überfüllt ist, aber der Zug schon wartet. Oder wenn dieser kurz vor dem Flughafen auf freier Strecke plötzlich stehen bleibt und ewig nicht weiterfahren will. Oder wenn man vom ohnehin schon verspäteten Flieger in einen anderen umsteigen will, aber die Tür nicht geöffnet wird, weil der Zubringerbus noch nicht da ist. Eine innere Starre nimmt dann nach und nach den Körper in Besitz, während gleichzeitig das Herz schneller schlägt, die Miene verhärtet sich, um Gelassenheit vorzutäuschen, aber man kann nicht mehr lesen und will nicht mehr reden, und selbst die Hassbriefe, die man jetzt im Geiste an die Bahn, die Fluggesellschaft oder – im Zweifelsfall – an Wolpers diktiert, bringen keine Erleichterung.

Er war ein guter Mann, unser Taxifahrer, er spürte unsere Ängste, vielleicht roch er sie auch. Er raste zurück Richtung Mandalay und tat etwas, was ich sonst nur aus amerikanischen Krimi-Serien kenne: Wo immer er einen Menschen sah, sprang er aus dem Auto und hielt ihm den Umschlag mit dem Schiffsticket vor die Nase, auf dem sich ein Bild der »Pandaw« befand: »Kennen Sie dieses Schiff?«

Wir waren längst wieder in den Vororten von Mandalay, als wir an der Abzweigung jener Straße, die uns vor zwei Stunden den Fluss entlanggeführt hatte, etwas sahen, was wir auf dem Hinweg im blinden Vertrauen auf Don Williams Zielvorgabe NICHT gesehen hatten: unser Schiff. Der Dieselmotor tuckerte bereits, der Zahlmeister wedelte von weitem mit beiden Armen winkend – oder drohend –, und als wir mit fliegendem Atem an Bord gestolpert waren, wurde der Landungssteg eingezogen, und die Reise hatte begonnen. Die Reise auf dem Fluss der Stille, der Weg zur inneren Einkehr, die Auszeit von der Wirklichkeit ... ja, von wegen!

Ich nannte bereits die Hauptregel auf kleinen Schiffen: Wer zuerst kommt, kriegt die besten Kabinen. Und da wir die Letzten waren, das Schiff aber ausgebucht, waren von den insgesamt sechzehn Kabinen der »Pandaw« die fünfzehn besten bereits vergeben: Acht waren an die Rheinländer gegangen, eine an ihren Reiseleiter, weitere vier an eine Gruppe schwedischer Kampftrinker und die restlichen beiden an zwei Paare, die wie wir als Einzelreisende unterwegs waren, ohne Gruppenbindung. Für uns war die letzte übrig geblieben, ganz unten, ganz hinten, neben Motor und Küche.

Als wir einzogen, umhüllten uns schwarze Qualmwolken. »Die gibt es nur beim Ablegen, solange wir rückwärts fahren«, beruhigte uns Gilberto, der italienische Zahlmeister, der in Erscheinung und Temperament der Zwillingsbruder von Louis de Funès hätte sein können. »Sobald der Fahrtwind von vorn bläst, wird der Qualm weggepustet.« Er hatte Recht: Was blieb, war nur noch heftiger Dieselgeruch und der Lärm emsig stampfender Kolben.

Dabei ist die »RV Pandaw« ein durchaus sympathisches Schiff, richtig liebenswert in seiner altehrwürdigen Erscheinung. Man fühlt sich mindestens hundert Jahre in die Vergangenheit versetzt, und tatsächlich bediente eine gewaltige Flottille solcher Schiffe in allen Größenordnungen die Flüsse Südostasiens, von 1865 bis zum Beginn des Zweiten Weltkriegs, als sie alle zerstört wurden, um den anrückenden Japanern nicht in die Hände zu fallen, angeblich mehr als 600 Schiffe.

Das unsere stammt aus dem Jahre 1947, in Schottland noch als Schaufelraddampfer gebaut und in unruhigen Zeiten auch schon mal mit Panzerplatten und Kanonen bestückt. Bis auf zwei Erste-Klasse-Kabinen war das Schiff damals völlig offen: Auf dem Oberdeck hockten auf nummerierten, auf den Boden gezeichneten Kästchen die Passagiere, und unten, auf dem Hauptdeck, lagerten nicht die Feuersteins, sondern Kokosnüsse und Reissäcke. Erst Mitte der siebziger Jahre stellte man auf Diesel um, samt Schraubenantrieb anstelle der Schaufelräder. Nur der alte Schornstein blieb – als Attrappe; heute ist da der Wassertank drin.

Kurz vor der Jahrtausendwende endete der Liniendienst. Mit nostalgischer Umsicht und vierzig Tonnen Holz wurde der einstige Bananenfrachter in einen Touristen-Cruiser umgebaut, nicht gerade luxuriös, aber durchaus komfortabel ... jetzt mal von unserer Kabine 16 abgesehen. Und weil das so gut geklappt hat, gibt es inzwischen auch schon zwei Schwesterschiffe, »Pandaw II« und »Pandaw III«, größer und bequemer, aber reine Nachbauten. Wer authentisch über den Irrawaddy schippern will: Nur die »Pandaw I« ist echt.

Die Glocke zum Mittagessen erlöste uns vom Heizkeller-Mief der Kabine. In neugieriger Erwartung kletterten wir die Treppe hoch, denn die erste gemeinsame Mahlzeit an Bord ist immer eine spannende Sache: Wer sitzt wo und was schmeckt wie ... wobei uns das Essen selber diesmal kaum überraschen würde, denn Smutje, der Koch, saß praktisch vor unserer Tür und ließ uns durch Geräusch und Geruch stets Anteil an seiner Tätigkeit nehmen: wie er Gemüse putzte, das Fleisch klopfte und den Pudding rührte, und wie er dazu birmesische Ohrwürmer sang. Später würden wir ihn auch noch Geschirrspülen hören, aber erst am nächsten Morgen, so ab fünf Uhr früh.

Der Speisesaal entsprach genau der Kapazität des Schiffes: ein Zwölfertisch und vier Tische für sechs. Für Gruppen kein Problem, aber für Einzelreisende die wohl wichtigste Entscheidung über Glück und Seelenfrieden der nächsten drei Tage: die Mitesser-Frage. Zu wem sollten wir uns setzen? Was für Menschen würden das sein? Langweiler oder Dummschwätzer? Schulmeisternde Alleswisser wie ich? Kleinbürger, die sich staunend die Erste Klasse im Jumbo-Oberdeck schildern lassen und sich dann als Steuerfahnder entpuppen? Oder gar – zu schrecklich, um es auch nur zu denken – Raucher?

Es ist ein ähnliches Problem wie die Wahl, an welcher Schlange man sich vor der Passkontrolle anstellen soll: Egal, für welche man sich entscheidet, sie wird immer die langsamste sein. Deshalb war völlig klar, dass der Ecktisch, den ich ansteuerte (ich bevorzuge Ecktische, weil ich in Amerika gelernt habe: An einem Ecktisch kann man nicht von hinten beschossen werden), der falsche sein würde. Und er war der falsche.

Ich eröffnete das Gespräch mit der größten Heuchelei, zu der ich fähig bin: mit Leutseligkeit. Locker-flockig stellte ich mich und meine Frau vor und fragte, Spaßvogel ich, ob sie wohl ebenfalls alle nach Pagan führen. Als Antwort erhielt ich von den Männern zwei namensähnliche Geräusche, von den Frauen zwei Schweigeminuten, und von allen vieren leere Blicke durch mich hindurch in die Unendlichkeit des Alls. Wahrscheinlich Buddhisten auf der Suche nach dem Nirwana, dachte ich und setzte mich. Denn das kenne ich aus dem Showbusiness: *Der beste Spruch zur falschen Zeit – bringt dich nur in Verlegenheit*, heißt die Merkregel. In der Praxis bedeutet das: Einem Publikum, das seine Ruhe haben will, drängt man sich nicht auf, man witzelt nicht bei Firmenpleiten oder Zeugenaussagen vor Gericht, und auch nicht, wenn der Bundespräsident bei seiner Grundsatzrede furzt. Solche Zurückhaltung ist oft übermenschlich schwer, vor allem, wenn man so witzig ist wie ich, erweist sich aber im Zweifelsfall stets als die richtige Strategie: Schweigen macht sympathisch und verschlimmert zumindest nichts. Also lächelte ich stumm meine Frau an, und diese lächelte stumm zurück, in der Hoffnung, dass das Nirwana auch zu uns kommen würde. Aber stattdessen kam der Kellner und brachte unseren Nachbarn Bier. Acht Flaschen für vier Nachbarn. Worauf einer von ihnen das Schweigen brach und »Skol« sagte, und zwar mit diesem seltsam klingenden O-Laut, den es eigentlich gar nicht gibt und der deshalb beim Niederschreiben auch in Skandinavien immer sorgfältig durchgestrichen wird. Da wusste ich: Wir hatten uns zu den Schweden gesetzt.

Damit jetzt nicht der leiseste Verdacht aufkommt: Ich hege keinerlei Vorurteile gegenüber anderen Ländern, und schon gar nicht gegen Schweden; ich bin auch nicht im Geringsten rassistisch angehaucht, sondern völlig neutral, denn mir sind alle Menschen gleich unsympathisch, unabhängig von Geschlecht, Hautfarbe oder Religion. Jede andere Haltung wäre für einen gebürtigen Österreicher mit dieser Riesenlast an defektem Erbgut ohnehin nur lächerlich. Abweichungen von der Norm empfinde ich deshalb nicht als Makel, sondern als Bereicherung. Ich will ja auch nicht im Zoo immer nur dieselben Tiere sehen.

Im Unterschied zu den Rheinländern, deren Frohsinn genetische Ursachen hat und deshalb jedem Heilungsversuch widersteht, handelt es sich bei den Schweden um eine erworbene Abnormität, die aber nur im Ausland auftritt: den Suff-Zwang. Seine Ursache dürfte darin liegen, dass Alkoholisches im Inland nur umständlich zu erwerben ist, dazu überhöht teuer und gesellschaftlich tabuisiert. Daraus ergibt sich ein Triebstau, der bei jeder Überschreitung der Landesgrenze den unwiderstehlichen Zwang auslöst, Alkoholprodukte auf der Stelle zu vernichten, indem man sie trinkt. Nichts wäre ungerechter, als die Schweden deshalb als Volk von Säufern zu brandmarken – im Gegenteil: Zu Hause sind sie mit ihren Tugenden Vorbild für die ganze Welt, und bestimmt waren unsere vier Nachbarn und ihre Kumpanen nebenan allesamt umgängliche und gebildete Leute, wahrscheinlich Filmregisseure, Friedensforscher oder Nobelpreis-Stifter, was eben Schweden so sind. Aber hier waren sie im Ausland, und da konnten sie nicht anders: Seit dem Ablegen hatten sie in der Bar gesessen, die Whiskyflasche als stete Aufforderung zur Vernichtung ihres Inhalts vor sich, und nach der Mahlzeit würden sie sich, gut ausgerüstet natürlich, aufs Sonnendeck verziehen, auf die kleine Plattform vor der Steuerbrücke, wo sie als eine Art Galionsfiguren ihr Vernichtungswerk in katatonischer Starre fortsetzten, schon von weitem sichtbar als Warnung für die einheimische Bevölkerung: »Versteckt das Bier, die Wikinger kommen.« Endlich verstehe ich, warum man anatomische Präparate in Alkohol konserviert. Schweden tun dies eben schon zu Lebzeiten. Aber nur im Ausland.

Zum Abendessen wechselten wir die Sitzordnung. Das war zwar nicht sehr höflich, aber ich bin sicher: Die schwedischen Freunde hatten unsere Abwesenheit genauso wenig bemerkt wie vorher unsere Anwesenheit.

Unsere neuen Tischgenossen waren die anderen Einzelreisenden an Bord: ein slowenisch-französisches Globetrotter-Paar der Businessklasse und ein Herzspezialist mit Gattin aus der Schweiz, welterfahrene Leute und zudem höflich genug, um beim zweiten Versuch meiner originellen Einleitung (»Na, reisen Sie *ebenfalls* nach Pagan?«) wenigstens so zu tun, als fänden sie das komisch. Eine gute Wahl also, getrübt nur durch den Umstand, dass zwei von uns sechs kaum Englisch und zwei andere (nämlich wir) kaum Französisch konnten. Immerhin lernte ich in diesen drei Tagen, im passenden Augenblick *»La soupe est bonne«* zu sagen, auch wenn es Pastete als Vorspeise gab, und erfuhr außerdem, dass Öl, stundenlang ins Gesicht getropft, keine besonders fiese Art der Folter ist, sondern eine Spezialität der ayurvedischen Massage. Darüber hinaus fanden wir schnell den verbindenden Gesprächsstoff: das Leid der Individualtouristen, die zwar erheblich mehr zahlen müssen als die pauschalen Horden, aber ihnen gegenüber ständig benachteiligt werden. Wenigstens *einen* Trost hatten wir: Wir blickten auf die anderen Mitreisenden und fühlten uns überlegen.

Flügel der Nacht

Nachts schläft das Schiff. Nach Sonnenuntergang sind nur Fischerboote unterwegs sowie die Geister Birmas, die boshaften Nats, die tagsüber oben auf den Felsspitzen wohnen, aber nachts schon mal gern zu den Menschen kommen, um sie zu ärgern.

Weil Touristen für ihr Geld was vom Land sehen wollen und nicht den Mond, den es gratis auch zu Hause gibt, wird die Fahrt bei der Dämmerung unterbrochen. Gleich also würde der Dieselmotor verstummen, seine Rußwolken würden nach ein paar schwarzen Fürzen versiegen, und die Stille der tropischen Nacht würde sich mit dem sanften Schaukeln in der Wiege eines heiligen, Fruchtbarkeit spendenden Stroms vermählen – ein Zustand, der selbst bei so hoffnungslosen Zynikern wie mir das Gefühl erweckt, ich hätte in den hintersten Gewölben meines Herzens vielleicht doch eine kleine romantische Kaminstube. Na ja, Besenkammer ist realistischer.

Kapitän U Tin Soe steuerte ein Stück Steilufer an, das an undurchdringliches Dickicht grenzte, fernab jeder Siedlung, man wünscht ja nachts keine ungebetenen Gäste. Das »U« vor seinem Namen ist übrigens der klassische birmanische Ehrentitel und gebührt jeder Person von Rang – vielleicht erinnern Sie sich noch an den stets freundlich lächelnden, sanftäugigen U Thant, einen der ersten Generalsekretäre der UNO. Nur unser Steuermann war noch so ein »U«, alle anderen hatten höchstens ein »Ko« (für Herr) oder gar nichts vor dem Namen.

In freudiger Erwartung der Nacht auf dem Fluss stiegen die U Feuersteins auf das Sonnendeck, das ja auch nachts noch so heißt, wurden aber von Menschen, die in panischer Flucht nach unten rannten, zur Seite gedrängt. Warum, wurde uns nach wenigen Sekunden klar: Unser Schiff hatte direkt am Ufer festgemacht und alle Lichter gelöscht, bis auf eine kleine, schummrige Positionslampe auf dem Mast – und dieses kümmerliche Licht genügte, um alles, was Flügel hatte oder weit genug springen konnte, aus dem Dschungeldickicht zu locken, von Mücken über Käfer bis zu Faltern von Vogelgröße. Es schwirrte und brummelte rund um uns wie bei der Bühnenprobe für den Schlager-Grand-Prix und zusätzlich knirschte es bei jedem Schritt unter den Füßen, wenn man die langsamen, untalentierten Krabbeltiere zertrat.

Meine Frau, die ihre eigene Tierkunde entwickelt hat, in der Spinnen und Quallen in die zur Ausrottung bestimmten Stammesklasse der »Ekeltiere« fallen, zählte auf der Stelle die Insekten dazu und schloss sich der Flüchtlingswelle an. Und sogar die Schweden hatten den Rückzug angetreten, als sie merkten, dass der Whisky plötzlich gekaut werden musste, wegen der Käfer, die in ihren Gläsern den seligen Säufertod gefunden hatten.

Ich blieb allein auf dem Sonnendeck zurück. Nicht, weil ich so tapfer bin, sondern weil mir tierische Nähe nichts ausmacht … und damit meine ich ALLE Tiere – ich bremse auch für Bandwürmer. Dazu bedarf es einer gewissen Abhärtung, wie jeder weiß, der jemals bei der künstlichen Befruchtung von Nashörnern mitgemacht hat, und ich bin mir nicht mal sicher, ob ich diese Haltung Tierliebe nennen darf, oder ob sie nur eine Form von Gelassenheit ist, die auch ein Imker hat oder der Punk, der mit seinem Hund Essen und Flöhe teilt. Am besten, wir nennen sie »Respekt vor dem Leben«, das klingt nicht so pathetisch und trifft wahrscheinlich den Kern.

Ich erinnere mich noch gut an den Tag, etwa dreißig Jahre sind es her, als ich den Härtetest bestehen musste. Ich war damals in Chicago auf dem Weg zum Flughafen in einen Stau geraten und kam direkt hinter einem Tiertransport zum Stehen, einem Anhänger voll mit Rindern. Drei Kuhärsche drängten gegen die hintere Laderampe und schissen über sie hinweg auf meine Kühlerhaube, eine gute halbe Stunde lang, fast ohne Unterbrechung. Es ist unglaublich, ja, geradezu Ehrfurcht erregend, wie viel Scheiße eine normale, aber vom Transport aufgeregte Kuh enthält, mal drei. Und als dann auch der Scheibenwischer der Masse nicht mehr Herr wurde, musste ich, als sich der Stau endlich auflöste, mit Papiertaschentüchern und Fingern mein Sichtfenster frei kratzen. Damals habe ich zum ersten Mal erkannt, dass mir das überhaupt nichts ausmacht. Im Unterschied zu den Leuten von Hertz, als ich anschließend den Mietwagen zurückgab.*

Und so stand ich jetzt auf dem nächtlichen Sonnendeck und übergab mich den Gedanken. Denn meine Philosophie ist keine Liebe zur Weisheit, wie es das Wort verlangt, sondern entsteht stets aus dem Unbehagen des Augenblicks: Bin ich unwohl, fiebrig, überfressen oder seekrank, beginnt meine Suche nach dem Wesen des Seins, der Dialog mit dem Tod und der Angst. Es ist die hoffnungslose Sehnsucht des Ungläubigen, das Wissen um die Sinnlosigkeit der Existenz. Und was könnte sinnloser sein als schutzlos unter dem freien Himmel Asiens zu stehen, umschwärmt von den Flügeln der Nacht, von Käfern, die in die Ärmel kriechen, Mücken, die sich im Mund verirren, Ohrwürmern aus Fleisch und eitergelbem Blut, Nachtfaltern, die flatternd meine Haare raufen, und den geflügelten, dicken Kakerlaken, die so hässlich brummen und gegen die Brillengläser donnern, weil sie noch schlechtere Piloten sind als die Maikäfer.

Warum machen sie das? Wieso ist ihnen das kümmerliche Licht einer Funzelbirne so viel wichtiger als Nahrung, Sex und Leben? Was haben sie davon? Was zwingt sie, nachdem sie sich Millionen Jahre erfolgreich ohne Kunstlicht entwickelt hatten, zu diesem selbstmörderischen

---

* Ein gleichwertiges Erlebnis hatte ich fünfzehn Jahre später, als mein genialer, aber selten nüchterner *MAD*-Titelblattzeichner in einem Restaurant zu Erlangen beim Mittagessen ohne Vorwarnung über den Tisch kotzte. Unter den vor Entsetzen erstarrten Blicken von Gästen und Personal habe ich eigenhändig Tisch, Boden und Zeichner gesäubert und auch noch gelassen die Rechnung verlangt, bevor man uns rauswarf. Auch das war Tierliebe.

Sprung vor den Scheinwerfer? Treibt sie vielleicht das gleiche Stück Genenstrang, das uns Menschen ins Showbusiness lockt? Meinen sie, sie könnten Superstars werden? Halten sie das bisschen Licht für Erfolg? Oder gar für den Erlöser?

Die beste Philosophie gerät ins Wanken, wenn man dabei Mücken atmet. Mit knirschenden Schritten machte ich mich auf den Abstieg in die Kabine und ahnte, dass ich gerade die letzten Exemplare einer aussterbenden Insektenart zertrat. Meine Frau hatte alle Lichter gelöscht und sich von innen verbarrikadiert, wahrscheinlich, weil sie vermutet, dass die größeren Falter Nachschlüssel besitzen. Sie öffnete als Nachtgespenst, von Fuß bis Haarschopf in ihr Bettlaken gewickelt, stieß mich wortlos in die winzige Badekabine und sprühte Insektizide durch das Schlüsselloch. Und obwohl alle Scheiben mit Insektengittern bewehrt waren und sie sonst selbst in der Arktis nachts alle Fenster aufreißt, bestand sie darauf, dass alles luftdicht verschlossen bleibt. Wenigstens eine Stunde lang. »Damit das Insektenspray wirkt.«

Es wirkte vor allem an uns selbst, und ich musste an Kafka denken und seine Verwandlung in einen Käfer. Hätte es damals schon Insektenspray gegeben, wäre die Geschichte nach einem Absatz zu Ende gewesen …

Da meine Frau auch in den Stunden höchster Not immer sofort einschläft und mich allein der Verzweiflung überlässt, durfte ich zwar das Fenster schon nach kurzer Zeit öffnen, erreichte damit aber gar nichts. Denn unmittelbar vor der Reise hatte man zur Reinigung der Kabine die Holztäfelung abgebeizt – und zwar mit Diesel. Innen und außen. Was also an Killerchemie entwich, wurde durch Dieselmief ersetzt, und die einzige Erleichterung, die ich mir verschaffen konnte, war jetzt nur noch die Vorstellung, ich wäre der neue irakische Diktator und dürfte Don Williams nach Herzenslust foltern. Mit seinen Schreien in den Kammern meiner Phantasie versank ich im Tiefrausch der Chemie, so schwarz und so gründlich, wie ihn wohl nicht mal unsere Schweden jemals erlebten.

Bin ich noch glaubwürdig, wenn ich sage, dass es trotzdem eine wunderbare Reise war? Schlammige Ufer wechselten mit Buschland und Reisfeldern, ein paar Wasserbüffel, das eine oder andere Fischerboot. Wir besuchten winzige Dörfer, die nur durch den Fluss miteinander verbunden sind, bewunderten handgeformte Lehmziegel und fußgetriebene Töpferscheiben und staunten, wie man mit wenigen Handgriffen einen Schwerlaster bauen kann: Man nehme einen Motor, lege ihn auf den Ochsenkarren und verbinde ihn durch Keilriemen mit den Rädern – mit fünf Stundenkilometern nicht unbedingt autobahntauglich, aber ideal für zehn Reissäcke und ebenso viele Kinder.

Eindrucksvoll der kurze Halt in Yandabo, wo unter einem Baum 1826 der Friedensvertrag zwischen Birmesen und Engländern geschlossen wurde. Der Baum ist noch da, der Frieden verwandelte das Land in eine Kolonie. Und nicht weniger eindrucksvoll der Landausflug in die staubige, quirlige Stadt Pakokku, deren Hauptattraktion an diesem Tag eindeutig wir selbst waren: eine Kolonne von dreißig Fahrrad-Rikschas, »Trishas« genannt, mit ebenso vielen meist übergewichtigen, aus allen Rohren fotografierenden Europäern, die wie ein plötzliches Unwetter durch die Straßen fegten. Wer aus der Königsstadt Mandalay kommt oder gar aus Pagan mit seinen tausend Pagoden, braucht die von Pakokku wirklich nicht mehr zu besuchen, weshalb die wilde Jagd bei den Zigarrenwicklern endete, wo junge Mädchen in heißer, stickiger Luft das ungesunde Kraut zu noch ungesünderen Glühstängeln rollten.*

Anschließend fielen die Rheinländer in die Markthallen ein. Wir Einzelreisende natürlich nicht, weil wir so was schon tausendmal gesehen haben und deshalb mit gutem Recht hochnäsig sind, egal, wie aufregend es riecht und was für tolle Fotomotive sich dort bieten würden. Bei mir kommt hinzu, dass ich mir dann immer vorstelle, wie es wohl umgekehrt wäre, wenn eine Gruppe australischer Aborigines samt Reiseführer unsere Aldis heimsuchen, die Gänge blockieren und über Pfandflaschen staunen, aber nichts kaufen würde. Und auch die Schweden verweigerten sich dem Markt, aber aus anderen Gründen: Sie saßen in einer Bierbar und hatten zu tun.

Übrigens, zur Ehrenrettung der Rheinländer: Sie waren zwar abends laut, haben aber in allen drei Tagen kein einziges Mal geschunkelt. Nicht einmal Kamellen geworfen. Und zur Ehrenrettung der Nats: Sie sind zwar boshaft, aber gerecht. Am zweiten Tag sorgten sie nämlich dafür, dass die Wasserleitung barst. Das bedeutete nicht nur den Abschied vom Duschen, sondern auch das Ende der Klospülung, und jetzt roch es nicht mehr nach Diesel nur für uns, sondern nach Scheiße für alle.

Am Morgen des dritten Tages war die Reise beendet. Dreihundert Kilometer auf einem gewaltigen Strom, und keine Spur seekrank. Was kann das Wasser doch schön sein.

---

* Ich habe ein paar davon meinem Fernsehkumpel Norbert Blüm mitgebracht, der als ehemaliger Minister vor nichts zurückschreckt und so was tatsächlich raucht.

Ein Stück außerhalb von Pagan, wo es der Wasserstand zuließ, hatten wir festgemacht. Oben, auf dem Kamm des Steilufers, sahen wir die Konturen von Bus und Hotellimos für die Mitpassagiere, Trägerkolonnen schleppten ihre Koffer hoch. Nur wir standen auf den Brettern, die den Pier bedeuten, und blieben dort stehen. Bis Mittag. In glühender Hitze. Nicht, weil wir uns von dem wunderbaren Fluss nicht trennen wollten, sondern weil der Abholer vom Hotel nicht gekommen war. Don Williams hatte ihm die falsche Ankunftszeit mitgeteilt.

NEW YORK

Malen mit Herz (und Nieren)

»New York: DIE SCHATZINSEL« hieß mein neunter Reisefilm, und nach dem Stand der Dinge* war es mein letzter. Für Wolpers war ich damit überflüssig geworden. Es gab keinen Grund mehr für ihn, mich am Leben zu lassen. Logisch wäre es daher, ja, fast zwingend, wenn dieses letzte Kapitel meiner drei Reisebücher mit meinem Tod endete.

Natürlich hat er es versucht. Aber lange nicht so besessen wie auf unseren früheren Reisen, als er mich nach Art der amerikanischen Welteroberer mit Hubschraubern angreifen ließ, um mich im ewigen Eis Alaskas in Schluchten zu wirbeln oder auf mexikanischen Götterpyramiden von Rotorblättern zu zerstückeln. Er war merklich milder geworden, fast schon menschlich, obwohl er doch Produzent war, längst auf dem Weg zum Medienhengst und Quotenquetscher, der er heute ist. Ich glaube aber nicht, dass es die Wehmut des nahenden Abschieds war, die ihm diese Zurückhaltung auferlegte. Wahrscheinlich hatte er einfach nur Schiss vor der neuen New Yorker Gesetzesstrenge, wo man lebenslänglich kriegt, wenn man eine Zigarettenkippe fallen lässt – was ich als Nichtraucher übrigens großartig finde.

Immerhin gelangen Wolpers auch in New York drei Mordanschläge auf mich, wenn auch von recht unterschiedlicher Qualität: ein grotesker (ein wahnsinniger Arzt

---

* Grauenhafte neue Leute beim WDR, sinnloser Briefwechsel mit Intendant Fritz Pleitgen und ein beleidigter Feuerstein, der lieber schmollt statt kämpft.

sollte mir unter dem Deckmantel der Kunst Organe entnehmen); ein WIRKLICH bedrohlicher (auf dem Wackelbrett eines Fensterputzers wurde ich an der stahlglatten Außenfassade eines Wolkenkratzers zwanzig Stockwerke hochgezogen); und ein dermaßen lächerlicher, dass Sie ihn niemals glauben würden, wäre er nicht im Film enthalten und durch ein Bild in diesem Buch dokumentiert (Wolpers, als King Kong verkleidet, wollte mich vom Dach des Empire State Building in die Tiefe schmeißen). Ich will sie alle drei schildern, der Reihe nach.

Von den sieben Millionen New Yorkern sind zehn Millionen wahnsinnig, lautet eine durchaus nachvollziehbare Einschätzung angesichts der Häufung gespaltener und multipler Spinner in dieser Stadt, und ich muss es wissen, denn ich habe hier selbst zehn Jahre gelebt: Ich allein stehe für zwei, und zusammen mit Wolpers wären wir schon fünf. Unsere filmische Kurzschilderung dieser Welthauptstadt der Demenz musste also zwangsläufig eine Riege von Sonderlingen enthalten, um glaubwürdig zu sein.

Unser Rechercheur hatte gute Vorarbeit geleistet und ein typisches New Yorker Kuriositätenkabinett zusammengestellt: einen Öko-Freak, der sich ausschließlich von Pflanzen, Wurzeln und Früchten ernährt, die wild im Central Park wachsen; einen achtzigjährigen Schatzsucher aus Brooklyn, der mit seiner Minensonde aus der Zeit des Vietnamkriegs täglich den Badestrand von Coney Island durchkämmt und dort hauptsächlich Kronkorken und Dosenlaschen findet, hin und wieder aber auch Münzen und Uhren, und alle zehn Jahre einen Brillantring; einen Wurstbrater aus Hoyerswerda, der an der Ecke Fünfte Avenue und 54. Straße seine Würste nach deutschen Automarken benennt und mit seinen Porsches, Audis und Mercedes so erfolgreich ist, dass er es schon zu zwei Restaurants in der Vorstadt gebracht hat; eine Wissenschaftlerin, die auf der anderen Seite des Hudson River ein Kakerlaken-Museum betreibt; und schließlich »Doc Dave«, den Armenarzt und Organpinsler im East Village.

Der Weg vom Öko-Freak zum Armenarzt ist lang, aber lohnend, falls Sie ihn zu Fuß bewältigen wollen, so etwa drei Stunden, schätze ich, mitten durch das Herz von Manhattan. Angefangen am Portal des Central Park an der 57. Straße, wo Sie – falls Sie sich nicht an den wilden Kräutern und Wurzeln im Park satt gefressen haben – noch schnell zur Stärkung in den legendären Palmengarten des *Plaza*-Hotels huschen können, zum Nachmittagstee für 50 Dollar das Gedeck, umgeben von Millionärswitwen, die hier ihren täglichen Leichenschmaus zelebrieren.

Dann geht es am Pomp- und Protzturm von Donald Trump vorbei schnurgerade den New Yorker Kudamm hinunter, die Fünfte Avenue, wo Sie an der Ecke der 54. Straße das ersparte Taxigeld wahlweise in eine Mercedes-Wurst mit Sauerkraut investieren können oder ein paar Schritte weiter in einen Besuch des MoMA, wie wir Kulturbürger kennerhaft sagen, des Museum of Modern Art. Sollten Sie zusätzlich noch ein paar Millionen lockerhaben, können Sie die ebenfalls schnell loswerden, denn hier finden Sie nicht nur die Edeldesigner, sondern auch die Diamantenhändler, eine ganze Seitenstraße voll, ein Laden neben dem anderen, mit Panzerglas-Schaufenstern und bewaffneten Gorillas gleich hinter der Tür.

Die Kathedrale des heiligen Patrick, angeblich fast so geräumig wie der Petersdom zu Rom, wirkt angesichts des schräg gegenüberliegenden Rockefeller Center wie ein Spielzeugkirchlein, und der lächerliche Griechentempel der New Yorker Stadtbibliothek hat an dieser Stelle nur deshalb seine Existenzberechtigung, weil man sich auf seiner Steintreppe so bequem ausruhen kann. Von hier an sollten Sie Ihren Blick immer nach oben rechts halten, sonst passiert es Ihnen, dass Sie in der engen Straßenschlucht das Postkarten-Wahrzeichen New Yorks verpassen, das Empire State Building, wo Wolpers in wenigen Tagen seinen dritten Mordanschlag verüben sollte. Aber wir sind ja noch nicht mal beim ersten.

Nun wird es vorübergehend ein bisschen langweilig. Links und rechts werden die Ladenfronten allmählich dünner und verschwinden dann ganz, und wir laufen an gepflegten Apartment-Anlagen vorbei, allesamt mit Concierge-Logen, die meisten auch mit Türsteher, die nett grüßen, Taxis herbeipfeifen und dafür zu Weihnachten hundert Dollar extra kriegen. In der Höhe der Sechsten Straße ist dann die Fünfte Avenue an einem französischen Triumphbogen, der hilflos und völlig unbegründet mitten in einem Park steht, plötzlich zu Ende: Wir sind am Washington Square angelangt, dem Herzen von Greenwich Village. Statt Nadelstreifen-Tigern, Prada-Schlampen und dem ewig drängelnden, rempelnden Fußvolk derer, die es noch werden wollen, sehen wir jetzt Skateboard-Artisten, schmusende Studenten und Schachspieler, die vor lauter Konzentration zu Statuen gefroren sind. Aus dem Großstadtmoloch ist ein Gartenzwerg geworden.

Bitte verzeihen Sie, dass ich mich ungefragt zu Ihrem Fremdenführer ernannt habe – nach dem Lesen des nächsten Unterkapitels werden Sie das besser verstehen: Es ist der ehemalige New Yorker in mir, der sich mit lokalpatriotischem Eifer zu Wort meldet, stolz auf das Geheimwissen des Einheimischen, der Ihnen seine Tipps aufdrängt, ob Sie's nun wollen oder nicht: die besten Donuts, die größten Steaks, die leichtesten Mädchen. Tatsächlich würde es mich freuen, bei denen, die New York schon kennen, die eine oder andere Erinnerung auszulösen, und die anderen, die es noch kennen lernen wollen, zu einem solchen Spaziergang* anzuregen. Natürlich können Sie auch jede andere Route wählen, den ganzen Broadway hinunter, einfach stur geradeaus oder in Mäanderwindungen kreuz und quer, damit Sie weder die UNO versäumen noch den Times Square. Wichtig ist nur, dass Sie am Washington Square ankommen, von mir aus auch mit dem Bus. Aber Letzteres wäre schade, denn schließlich ist New York neben San Francisco die einzige Stadt in sämtlichen fünfzig amerikanischen Bundesstaaten, die man als Fußgänger erobern kann.

Jetzt würde ich Sie zum Halten zwingen, meine wichtigste Miene aufsetzen und einen Vortrag beginnen. Denn kaum eine andere Stelle verkörpert so konzentriert die kurze, heftige Geschichte der Stadt: Einst stand hier ein Indianerdorf, dann floh die halbe Bewohnerschaft des alten Neu-Amsterdams am Südzipfel Manhattans, wo heute die Wall Street liegt, vor dem Wüten des Gelbfiebers hierher »ins gesündere Grüne«. Später wurde ein Armenfriedhof daraus, daneben die öffentliche Richtstätte, die gleichzeitig ein beliebter Austragungsort für Duelle war. Und rundherum wuchs das erste Schwarzenghetto New Yorks, das sich bis 1920 hielt, als der große Exodus ins heutige Harlem begann.

---

* Ich wiederhole: mindestens DREI STUNDEN!

Seither gilt Greenwich Village als »Künstlerviertel«, obwohl das schon seit drei Jahrzehnten nur noch ein Touristenmythos ist: Den armen Künstlern ist es hier zu teuer geworden, den reichen zu spießig. Zwar gibt es immer noch ein paar verwinkelte Gassen mit Straßencafés und ausschließlich für Touristen organisierter Montmatre-Stimmung, aber links und rechts haben sich neue Kulturinseln gebildet: Die wilden Straßen östlich des Washington Square gehören der New York University und ihren Studenten, und die gepflegten, höchstens vierstöckigen Häuser auf der Westseite mit ihren winzigen Vorgärten und schmiedeeisernen Gittern dienen als Statussymbol und Markenzeichen für eine neue, gutbürgerliche Gesellschaftsschicht, die in Greenwich Village die Nachfolge des Künstlervölkchens angetreten hat: die arrivierten Schwulen. Saubere Gehsteige, Blümchen am Fenster und Harley Davidson vor der Tür, mit Diskretion und vornehmer Zurückhaltung, die nur einmal im Jahr von der schrillen *Christopher Street Day*-Parade unterbrochen wird, zum Andenken an den 27. Juni 1969, als hier, in der Christopher Street, die historische Schwulenrevolte gegen Polizeiterror und Diskriminierung ausgetragen wurde.

Aber wir wollten ja zu Doc Dave. Als Armendoktor hat der in Greenwich Village natürlich nichts verloren. Da müssen wir noch ein Stück weitermarschieren, hinüber ins so genannte East Village. Und bitte keine Angst, weder vor dem Ruf des Viertels noch vor mir: Angesichts des langen Weges, den wir bereits zurückgelegt haben, gelobe ich, mich zurückzuhalten, damit ich Sie nicht kurz vor dem Ziel mit der Fülle meines Wissens erdrücke.

Ganz nach dem Gesetz des Wandels, das in New York so viele Stadtteile vom Slum zum Wohnparadies – und

Ein typisches New Yorker Straßenbild? – Bitte blättern Sie um …

… bäh, es ist die Müllkippe von Staten Island. Ich lache, weil ich Sie reingelegt habe, ahne aber nicht, dass Wolpers von hinten in rasendem Tempo mit einem Schaufelbagger auf mich zufährt.

Wenn mehrere Männer am gleichen Schlauch ziehen, dann sind sie entweder Feuerwehrleute oder schwul. Das hier sind Feuerwehrleute. (Könnten natürlich auch schwule Feuerwehrleute darunter sein.)

Kinder, was bin ich doch wandlungsfähig: wenige Stunden später, im Gospelchor von Harlem. Meine Nachbarin rechts ist begeistert von meiner Stimme, die Mädels links denken darüber noch nach.

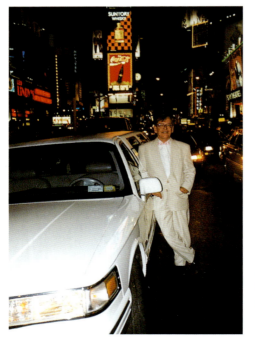

Mit Minensuchgerät und Spaten durchkämme ich den Strand von Coney Island nach verlorenen Münzen und Eheringen. Moe, der mich angelernt hat, ärgert sich, dass ich ihm alles wegschnappe …

… und vom Erlös gehe ich abends groß aus. Vorn meine Stretch-Limousine, hinten der Times Square, so läuft das in New York.

Auf der Aussichtsplattform des Empire State Building. Wolpers hat bereits das King-Kong-Kostüm angezogen, aber noch ohne Gesichtsmaske. Mit dem Siegeszeichen kündigt er seine finstere Absicht an, mich in die Tiefe zu werfen, doch habe ich dafür nur ein Lächeln übrig, denn unter der Jacke trage ich einen Fallschirm.

Die Kerle der Straßengang sind schwer beeindruckt, weil ihnen endlich mal einer vorführt, wie man richtig Basketball spielt.

Hier zähle ich nach, ob es wirklich 50 000 Läufer sind, die an der Verrazano-Brücke den Marathonlauf beginnen. Und siehe da: Es sind nicht mal 48 000. Sehen Sie, wie mich das ärgert?

Das war mein Haus in New York …

… von 1964 bis 1969. Damals gab es noch keinen Zaun, und vorne hatte ich Rosen gepflanzt. 35 Jahre später habe ich geklingelt, aber es war keiner da. Dann stellte ich mich für ein Erinnerungsfoto neben den Baum und bin schnell wieder abgehauen … falls doch einer da ist und aus der Dachluke auf mich schießen würde.

… und das war mein Hotel in Bangkok.

Der Garten vor dem Pool mit der eisgekühlten Kokosnuss nach dem Mittagsschläfchen; dahinter das geschwungene, siamesische Dach über Empfangshalle und Restaurant; links hinter Bäumen versteckt die Gästezimmer; und der rot gepflasterte Weg, der zur Brücke hinunter zum Regenwäldchen führte … alles Vergangenheit.

Ob ich meine Freunde jemals wiedersehen werde:
den schwarzen Schwan …

… und das dumme Huhn?

umgekehrt – werden lässt, ist das East Village heute das, was vor vierzig Jahren Greenwich Village war: ein quirliges, kreatives Viertel mit Chaos-Galerien, verrückten Kneipen und einer bizarren Mischung von jungen Freaks und greisen Spinnern. Hier findet man noch die allerletzten Dachstuben Manhattans, die weniger als tausend Dollar Miete kosten, aber überall wird bereits kräftig renoviert und investiert, sodass ziemlich klar ist: Wenn sich die wilden Kids, die jetzt noch die Szene beherrschen, ausgetobt haben und in dunkelblaue Karriereuniformen geschlüpft sind, entsteht hier das nächste Schickimicki-Zentrum. Dabei ist es noch gar nicht lange her, da wagten sich Polizisten nur mit kugelsicheren Westen zum Tompkins Square, dem Zentrum von Gewalt und harten Drogen. Mehrere Jahrzehnte lang galt das East Village als eine der übelsten Gegenden der Stadt, an Verrufenheit gleich an zweiter Stelle nach der legendären East Bronx. Wer 1970 bereit war, dort ein paar tausend Dollar in eine Slum-Absteige zu investieren, ist heute Millionär.

Vom Washington Square aus habe ich Sie direkt nach Osten geführt, ein kleiner Umweg, der sich aber lohnt, denn so erleben Sie ein Stück der prallen Zweiten Avenue, der Geburtsstätte von Dr. Learys psychedelischen Träumen. Dort biegen wir in die Sechste Straße ein, »New Delhi« genannt, die indische Fressgasse mit mindestens zwanzig winzigen Restaurants, eines neben dem anderen. Meine Frau und ich hatten uns mal vorgenommen, bei jedem Besuch ein neues zu erkunden, aber da sie einander bis aufs Barthaar des Türstehers gleichen, waren wir wahrscheinlich inzwischen sechsmal im selben …

Dann wenden wir uns nach Süden, zur East Houston Street, und sind endlich am Ziel. Hier grenzt das East Village an zwei nicht minder geschichtsträchtige Stadtteile: im Osten die *Lower East Side* mit ihrer vorwiegend osteuropäischen Tradition, von wo aus am Sabbath orthodoxe Juden zu Fuß über die Williamsburgh-Brücke nach Brooklyn wandern; und im Süden das legendäre *Little Italy*, wo die Paten mit ihren Leibwächtern Spaghetti essen und Betonsockel auch heute noch nicht als Halterung von Sonnenschirmen gekauft werden, sondern damit die Leichen schneller im Hudson versinken.

»DOC DAVE« steht auf dem handgemalten Schild über dem Ladeneingang eines bescheidenen Eckhauses, darüber ein gewaltiges rotes Kreuz, als gelte es, das Gebäude vor feindlichen Luftangriffen zu schützen, und man ahnt schon von weitem, dass dieser Doktor ein wenig anders ist. Denn an sich ist der Begriff »Arzt in New York« identisch mit Mercedes, Golfclub und Millionenerbin als Ehefrau. Von diesem klassischen Weg hat sich Dr. David gleich nach seiner Klinikpraxis verabschiedet. Nach eigenem Bekunden sieht er sich eher als Sorgenhelfer und nimmt dafür, was sich der Patient leisten kann ... und das ist manchmal nur ein Händedruck. Sagt er jedenfalls – aber Sie wissen ja, wie wenig man Ärzten glauben kann, wenn es um die Abrechnung geht.

Da hatten wir natürlich eine gewaltige Schlange von Elendsgestalten vor der Tür erwartet, Szenen wie in Lourdes, und Stefan machte sich schon Sorgen, ob das Weitwinkelobjektiv zur Erfassung der Menschenmassen reicht. Aber als wir gegen elf Uhr vormittags ankamen, stand niemand vor dem Haus, und auch das winzige Wartezimmer mit dem abgewetzten Sofa war leer. In Erwartung der Sprechstundenhilfe öffnete ich die nächste Tür – und stand mitten im leeren Behandlungszimmer: eine Plastikliege, ein

Stuhl davor, ein paar Medizinschränke, ein Bücherregal, sonst nichts.

»Fahrvergnügen!«, begrüßte uns Doc Dave, der hinter einem Schrank aus einer Art Abstellkammer gekommen war, etwa vierzig Jahre alt, in Hemd und Hose, kein weißer Kittel, nicht mal ein Stethoskop. Es war das einzige deutsche Wort, das er kannte, aus einer uralten Volkswagen-Werbung im amerikanischen Fernsehen. Ungefragt verkündete er sofort seine Heilslehre: Für schlimme Fälle gibt es Spezialisten und Krankenhaus, in allen anderen wird man von selber wieder gesund. Als Hausarzt sei er dazu da, Trost zu spenden, nicht Medikamente. Mein Reden! Der Mann war mir auf Anhieb sympathisch.

Wo denn die Patienten seien?

»Die stehen meistens erst mittags auf, wie ich«, sagte er: depressive Hausfrauen, Drogen-Kids, peinliche Infektionen, die man dem Familiendoktor lieber verschweigt, Aids-Betreuung. Nachts sei es manchmal ziemlich heftig, aber allzu viele Patienten hätte er ohnehin nicht, da sei das amerikanische System vor: »Wer mittellos ist, wird gratis behandelt, und wer ein bisschen was hat, möchte dafür wenigstens einen Labortest kriegen und ein Ultraschallfoto fürs Album.« Klingt eigentlich auch recht deutsch.

Dann fragte ich nach den Bildern, die hier überall hingen, roh und abstrakt, meist grobe, schmierige Farbstreifen. »Das ist die von mir erfundene organische Kunst«, erläuterte Doc Dave nicht ohne Stolz, denn er malt nicht nur mit Herz, wie man es von den Rembrandts und Van Goghs gewohnt ist, sondern auch mit Niere, Milz und Lunge: Zum Auftragen der Farben benutzt er nämlich statt des Pinsels menschliche Organe aus dem Abfall der anatomischen Hörsäle. Und wenn ich jetzt sage, dass manche seiner Bilder wie hingeschissen wirkten, dann ist das keine abfällige Kunstkritik, sondern lediglich der Hinweis, dass er gelegentlich auch mal einen Dickdarm als Farbträger verwendet.

Zugegeben, seit den »Körperwelten« von Gunther (»Dr. Tod«) von Hagens kann uns so was kaum mehr schockieren, wo doch inzwischen schon jede zweite Oma ins Testament schreibt, in welcher Pose sie plastiniert werden möchte. Aber wir waren ja ein gutes Jahr vorher vor Ort, der freizügige Umgang mit Eingeweiden war neu, und mir entging nicht, wie es in den Niederungen der Wolpers'schen Fantasie zu brodeln begann, als mich der Doktor für den Abend auf ein Bier einlud. Da leuchteten seine boshaften Augen, und ich wusste, dass sich in seiner Vorstellung ein wahrer Frankenstein-Film abzuspulen begann: Doc Dave würde heimlich Knock-out-Tropfen ins Bier träufeln und mir dann in seinem Labor mein Wahnsinnshirn entnehmen, um damit Meisterwerke zu malen. Anschließend wäre ich ein Zombie, für den Rest meines Lebens dazu verdammt, Wolpers als willenloses Werkzeug zu dienen ...

Ich sagte es schon zu Anfang: Es war ein lächerlicher, grotesker Anschlag, der natürlich nur in Wolpers' Fantasie stattfand. Trotzdem vertauschte ich am Abend zur Vorsicht die Biergläser, als der Doktor kurz durch einen Bekannten abgelenkt war. Aber es passierte nichts, und für den Rest des Abends erzählte er mir nur von seinen Weibergeschichten. Offenbar pinselt Dave auch heftig am lebenden Organ.

Zum Abschied hatten wir uns gegenseitig »Fahrvergnügen!« gewünscht, und um Wolpers zu beweisen, dass ich den Abend unbeschadet überstanden hatte und auch weiterhin bereit war, die Gesamtheit meiner Hirnmasse gegen ihn zu verwenden, beschimpfte ich ihn am nächsten Morgen schon VOR dem Frühstück und nicht erst, wie sonst, auf dem Weg zum Drehort. Ich wusste natürlich, dass das nur der Auftakt war. Weil er weitaus Schlimmeres plante.

Meine Stadt, mein Auto, mein Haus, mein Buch

Es war nicht mein erster Hubschrauberflug über New York, aber bei weitem der schönste, und ich habe ihn Wolpers zu verdanken. Es ist offenbar doch nicht alles schlecht an ihm.

Die früheren Flüge waren Zubringer zum Flughafen Newark, einmal auch nach JFK, und sie starteten alle von dieser wackligen Plattform, die man ganz unten am East River auf einem alten Pier errichtet hatte. Meist hockte ich eingepfercht zwischen Bankern mit Riesentaschen auf dem Schoß, und immer hat es geregnet. Diesmal aber war der Himmel strahlend blau, ich saß vorne rechts in einem Viersitzer mit Glaskuppel, und wir flogen dicht über den Gipfeln der Wolkenkratzer kreuz und quer über Manhattan, mit zwei Ehrenrunden über dem Central Park. Im fertigen Film hat Wolpers das Finale aus Beethovens Neunter darunter gelegt, ohne jeden Off-Text, und ob ich will oder nicht, kriege ich jedes Mal feuchte Augen, wenn ich diese Szene sehe. Denn keine Stadt der Welt liebe und hasse ich so sehr.

So wie Thailand *mein* zweites Land ist, ist New York *meine* zweite Stadt, fast zehn Jahre habe ich dort gelebt, die schwierigsten und mit Sicherheit härtesten meines Lebens, von 1960 bis 1969, eine ganze Ehe lang. Kurz vorher, in meiner Heimatstadt Salzburg, hatte ich ein wunderbares Mädchen kennen gelernt, Pearl-Mieko, eine amerikanische Austauschstudentin am Mozarteum, und als die Zeit ihrer Rückreise gekommen war, stand für mich fest: Ich will mit. Um ehrlich zu sein: nicht allein ihretwegen, sondern vor allem, um mich aus der recht problematischen Beziehung zu meinem Vater zu lösen. Und da Pearl aus Hawaii* stammte, hielten wir es für richtig, unser gemeinsames Leben genau in der Mitte zwischen den beiden Elternhäusern zu beginnen. Wir spannten eine Schnur um den Globus und fanden so den geographischen Mittelpunkt zwischen Österreich und Hawaii: New York.**

Mir sträuben sich heute noch die Nackenhaare, mit welcher Unbekümmertheit und Naivität ich mich als Dreiundzwanzigjähriger in diese entscheidende Wende meines Lebens begeben hatte: ein Journalistenvisum, erschummelt durch Gefälligkeitsbriefe, die mich als künftigen Korrespondenten verschiedener Zeitungen auswiesen, ein vom Vater bezahltes *One-Way*-Ticket, Dollar für zwei Monatsmieten, zwei große Koffer und eine »Erika«-Reiseschreib-

---

* Im Hawaii-Kapitel von »Feuersteins Ersatzbuch« steht mehr darüber, falls es Sie interessiert.
** Falls Sie jetzt nachgemessen haben: Ja, ja, ja, ich weiß, die Schnur war locker, und geschummelt haben wir auch ein bisschen. Aber wer will schon in Sault Saint Marie (ausgesprochen: »Susän-Märi«) leben, am Lake Superior an der Grenze zu Kanada?

maschine – und meine Brücken zu Österreich waren für immer gesprengt.

Das klingt jetzt wie der Auftakt der klassischen Tellerwäscher-Karriere: der arme Einwanderer und sein amerikanischer Traum vom Lebensglück. Aber wie so oft in meinem Leben verlief es auch hier genau umgekehrt: Erst jetzt, in meiner dritten Ehe, bin ich Tellerwäscher geworden, ein zufriedener noch dazu – mehr will ich gar nicht mehr werden. Erlauben Sie mir trotzdem, Ihnen ein kleines Stück meiner amerikanischen Biographie vorzulegen. Das muss jetzt einfach sein, damit Sie mein Verhältnis zu dieser Stadt verstehen. Ich verspreche, mich kurz zu fassen – soweit ich das überhaupt kann.

Der Anfang, in der 112. Straße West, war schrecklich. Wir hatten eine winzige Einzimmerwohnung im dritten Stock eines *Brownstone*, einst das typische Familienreihenhaus der Gründerzeit, damals aber ziemlich verwahrlost und in winzige Wohneinheiten aufgeteilt, als Scheidungsabfindung und einzige Einkommensquelle einer trinkfreudigen Ex-Schauspielerin. Das Badezimmer teilten wir mit dem Mieter auf der anderen Seite des Flurs und das Wohnschlafzimmer mit tausend Kakerlaken, die sich aber zum Glück nur zeigten, wenn man überraschend das Licht anmachte: Dann wurde der gesamte Raum lebendig, Konturen und Tapetenmuster lösten sich auf, und das große Rennen setzte ein, die Flucht nach allen Seiten, in geheime Verstecke, die der Kammerjäger, der uns hin und wieder mit chemischen Keulen vergiftete, niemals fand. Als unser Badezimmer-Teilhaber nach ein paar Wochen verhaftet wurde, weil er über die Feuertreppe zum Innenhof hochgeklettert war, um bei einem Lesbenpaar zu spannen, hatten wir wenigstens das Klo für uns allein.

Die Kochnische teilten wir aber weiter mit den Küchenschaben.

Auf meiner »Erika« hackte ich Kulturberichte, die aber in Österreich kaum jemand gebrauchen konnte, weil ich sie mit der Post verschickte – und das dauerte immer mindestens vier Tage, was der Aktualität nicht unbedingt dienlich war. Wir lebten von einem miserabel bezahlten Halbtagsjob, den Pearl bei einem Winkeladvokaten um die Ecke ergattert hatte, und als ihr an einem Montag im Supermarkt der Geldbeutel geklaut wurde, gab es am Dienstag und Mittwoch nur Reis und am nächsten Tag gar nichts ... Freitag war zum Glück wieder Zahltag, denn Amerika ist gerecht, wenn es um Geld geht: Da zahlt man die Gehälter wöchentlich, und nicht, wie bei uns, im Februar zu viel und im März zu wenig.

Da ich mit meinem Journalistenvisum keine andere Tätigkeit ausüben durfte, blieb uns nur der letzte Ausweg: die berühmte, so oft beschriebene, höchst unromantische, nicht selten katastrophal endende *Green Card*-Ehe, die Heirat eines Ausländers mit einem Bürger der USA, wodurch Ersterer gesetzlichen Anspruch auf die heiß begehrte »Grüne Karte« erwirbt und damit auf das volle Einwanderungsrecht samt Arbeitserlaubnis als Vorstufe zum amerikanischen Pass.

An sich sollte das kein Problem für uns sein, denn wir liebten uns und hatten ohnehin vor, irgendwann mal zu heiraten. Aber Pearl war erst neunzehn und damit nach dem damaligen New Yorker Staatsgesetz minderjährig. Ihre Heirat bedurfte deshalb der Zustimmung der Eltern in Hawaii, was eine überaus umständliche bürokratische Prozedur bedeutete – ganz abgesehen davon, dass diese keine Ahnung von unserer Völker verbindenden Absicht hatten und wir deshalb auch nicht sicher sein konnten, ob sie Pearls Studienabbruch und unsere Blitzehe überhaupt billigten.

Zum Glück ist Amerika nicht nur gerecht, sondern auch fromm. *»In God we trust«* steht auf jedem Dollarschein, und wer je argentinische Staatsanleihen hatte, weiß es zu schätzen, wenn Gott persönlich für die Kohle haftet und nicht eine lächerliche Staatsbank. Und so gab es auch für uns einen Ausweg: Wer sich kirchlich trauen lässt, darf das schon ab sechzehn, besagte das Gesetz im Bundesstaat New York. Denn was im Haus des Herrn geschieht, darf kein Staat verhindern, auch nicht mal dann, wenn man – wie wir beide – gar keiner Religionsgemeinschaft angehört. Für diesen Fall, so wusste es Pearls Arbeitgeber, der Winkeladvokat, gibt es sogar eine eigene Kirche, da müssten wir nur quer durch den Central Park auf die Ostseite laufen, zu den Unitariern.

»Woran glaubt ihr?«, fragte uns Reverend Donald Kring.

»An nichts«, sagte Pearl, und als ich bemerkte, dass er besorgt die Augenbrauen hob, ergänzte ich schnell: »Obwohl wir uns Mühe geben.«

Da strahlte er mit der Freude des Vaters über seinen verlorenen, aber wieder gefundenen Sohn, samt Tochter gratis mit dazu: »Gebt euch weiter Mühe. Denn wer suchet, wird nicht abgewiesen. Willkommen in unserer Kirche. Fünf Dollar kostet die Anmeldung und noch mal fünf Dollar die Trauung. Zwei Dollar für den Küster.«

Am 2. Oktober 1960 war ich in New York angekommen, am 30. November heirateten wir. Und weil ich mir tatsächlich Mühe gab und suchte, wurde ich nicht abgewiesen, sondern begann am 1. Januar 1961 meinen ersten Job: Bei der damals noch täglich erscheinenden, deutschsprachigen *New Yorker Staatszeitung und Herold*, wo ich als Hafenreporter (für 69 Dollar die Woche) anfing und als Chefredakteur (für 212 Dollar) aufhörte, als ich im Herbst 1969 Amerika wieder verließ.

Dazwischen liegt *mein* New York, und da ich angesichts der drei großen Schubladen mit Briefen, Zeitungsausschnitten und Psychiater-Rechnungen immer noch große Bange von einer richtigen biografischen Verarbeitung dieser zehn Jahre habe, setze ich jetzt den Zeitraffer ein, den Schnelldurchlauf, mit mehr oder weniger willkürlich gewählten Haltepunkten. *Freeze* nennt man diese im Filmjargon.

Schon wenige Monate später, sobald wir es uns leisten konnten, übersiedelten wir in eine *richtige* Wohnung, mit Schlafzimmer-Wohnzimmer-Küche und ungeteiltem Bad – die große Erleichterung, da unser Spanner-Nachbar schon nach drei Wochen auf Kaution aus dem Knast entlassen worden war. Sie lag in Woodside, Stadtteil Queens, gleich um die Ecke der Roosevelt-Avenue, wo die U-Bahn als kreischende, klapprige Hochbahn auf Metallstelzen über der Straße donnert. Zu meiner Arbeit waren es nur zehn Minuten zu Fuß. Kakerlaken gab es hier zwar auch, aber lang nicht so viele. Vor allem waren sie vernünftiger: Sie hielten sich vorwiegend in der Küche auf und bestanden nicht wie ihre Westside-Verwandten darauf, mit uns das Bett zu teilen.

Die Wohnung war komplett möbliert und gehörte einer älteren Witwe, die für ein Jahr ihre Tochter in Kalifornien besuchen wollte. Und da man in Amerika ohnehin dauernd umzieht und deshalb mit Wohnungen nicht zimperlich umgeht, war es selbstverständlich, dass sie die ihre für diese Zeit untervermietete, samt Bettlaken und Geschirr.

Ganz unproblematisch übrigens: Ein nettes Vorgespräch, eine Unterschrift und der Umstand, dass ich bei einer deutschen Zeitung arbeitete, genügten ihr als Kaution … Kinder, was waren das noch Zeiten!

Natürlich ging das nicht gut mit dem »Jahr bei der Tochter«, und schon nach fünf Monaten schrieb uns die liebe Dame, mit Tränenflecken auf dem Briefpapier, sie würde gern vorzeitig zurückkehren, bitte, bitte, wenn irgendwie möglich. Also zogen wir abermals um, in eine *noch richtigere* Wohnung: in die untere Hälfte eines zweistöckigen Hauses, das einem Rentner-Ehepaar gehörte. Diesmal ohne Kakerlaken, denn die Vermieter stammten aus Deutschland.

Aus der Küche gelangte man, wenn man wollte, durch den Hinterausgang in einen kleinen Garten mit Sitzbank, ein bisschen Rasen und Zierbüschen an den Grenzen zu den Nachbarn. Eine nächtliche Szene dort hat sich für immer in meiner Erinnerung eingeprägt, nur wenige Tage nach unserem Einzug, wenn man noch unruhig schläft, weil einem die Geräusche und Gerüche der neuen Umgebung noch zu unvertraut sind, um sich geborgen zu fühlen. Durch polterndem Lärm über uns war ich aufgewacht und schaffte es nicht mehr, einzuschlafen. Ohne Licht zu machen, wanderte ich in die Küche, zum Kühlschrank, dem nächtlichen Fluchtpunkt und Mutterersatz.

Da sah ich durch das Fenster meinen alten Vermieter im flatternden Nachtgewand als schwarze Silhouette gegen die Vollmondscheibe. Mit dem Spaten grub er ein Loch in den Rasen. »Jetzt hat er seine Frau umgebracht«, schoss es mir durch den Kopf und ich schaute auf die Uhr, da man, wie ich aus Krimis weiß, beim Verhör als Erstes nach der Tatzeit gefragt wird. In diesem Augenblick trat seine Frau ins Bild. Lebendig, aber wie im Schlafwandel die Arme nach vorn gestreckt. Auf ihren Händen trug sie den Deckel eines Schuhkartons. Darin lag eine tote Katze. Ich bekreuzigte mich – schließlich habe ich kirchlich geheiratet – und ging wieder zurück ins Bett.

Die neue Wohnung lag zwar ebenfalls in Woodside, aber zu weit entfernt für den Fußmarsch zur Zeitung und zu abseits von den öffentlichen Verkehrsmitteln. Also kaufte ich das erste Auto meines Lebens, einen gebrauchten Opel Rekord. Gewiss nicht aus Vaterlandstreue – ich war ja damals noch Österreicher –, sondern aus reinem Snobismus: Als europäischer Journalist mit privilegiertem NYP-Kennzeichen* wollte ich mich vor aller Welt auch als solcher kenntlich machen, ganz abgesehen davon, dass *driving a foreign car* damals auch eine politische Aussage unter Intellektuellen war: »liberal und weltoffen wie Kennedy«, bedeutete das, »aber noch ein bisschen linkser«.

Es war wohl das teuerste Auto meines Lebens: dauernd kaputt, ständig in der Werkstatt von Itzy, dem Schlitzohr, der bei jeder Reparatur einen neuen Fehler einbaute, weil er wusste, dass es mein Erstauto war und ich es deshalb abgöttisch liebte, ohne Maß und Vernunft. Fast vier Jahre lang fuhr ich diese Schrottmühle, ließ sie sogar nach einem Unfall wieder zusammenflicken, und erst als ich kurz davor war, auch noch einen Kolbenfresser reparieren zu lassen, wurde ich vernünftig und stieg für den Rest meiner New Yorker Zeit auf jene wunderbaren, sorgen-

---

* NYP = »New York Press«. Theoretisch durfte man sich damit ins Parkverbot stellen, aber in der Praxis kriegte man extraviele Strafzettel, weil New Yorker Polizisten alle Presseleute hassten. Hat sich bestimmt bis heute nicht geändert.

freien, bedienungsfreundlichen Ami-Kutschen um, bei denen man nur ein bisschen lenken muss und hin und wieder bremsen ... Alles andere machen sie allein.

Vom Hafenreporter über den Nachrufredakteur war ich inzwischen zum Chef vom Dienst aufgestiegen, und auch Pearl hatte sich längst von ihrem Winkeladvokaten verabschiedet und stand, nach einem Zwischenspiel in einer Werbeagentur, am Anfang ihrer politischen Karriere in einer Hilfsorganisation für Einwanderer aus der Dritten Welt. Gleichzeitig war ich unter dem Pseudonym »Robert Stein«, das ich bis zum Tod meines Vaters führte, Korrespondent mehrerer österreichischer und deutscher Zeitungen, knüpfte erste Kontakte zum österreichischen Konsulat in der 69. Straße, in dessen Pressestelle ich später mitarbeiten sollte, und verfasste meine ersten Radiosendungen: für RIAS Berlin, den ORF und den Bayerischen Rundfunk. Übrigens nicht direkt, sondern auf Umwegen, die heute einen Skandal auslösen würden: Mein Auftraggeber war nämlich die weltweite amerikanische Propaganda-Institution *Voice of America*, die über meine Themenvorschläge entschied – recht liberal übrigens, solange man nicht gerade Schimpfkanonaden auf Amerika losließ –, mich ordentlich bezahlte und die Bänder dann kostenlos den deutschen und österreichischen Sendern zur Verfügung stellte; diese strahlten sie als »Eigenbericht« aus und sparten damit eine Menge Geld für einen eigenen Korrespondenten.

Da die *Voice of America* eine Regierungsbehörde war, wurde ich, wie vorgeschrieben, einer Sicherheitsüberprüfung unterzogen, ohne dass ich davon wusste. Erst später erfuhr ich zufällig von Nachbarn meines Salzburger Elternhauses, dass ein seltsamer Mann vom amerikanischen

Konsulat an der Haustür geklingelt und seltsame Fragen gestellt hatte. Und als ich meinen New Yorker Verleger darauf ansprach, einen ehemaligen Gastwirt aus dem Fränkischen, meinte dieser, davon wisse er nichts; außerdem habe er dem Herrn vom CIA versprechen müssen, mir nichts darüber zu sagen. Ob es in Washington eine Stasi-Akte über mich gibt?

25 Prozent Anzahlung genügten damals für ein Haus, wenn man einen einigermaßen guten Ruf bei seiner Bank hatte, um sich für die staatlich gestützte Hypothek zu qualifizieren. Und da ich beim Häuserkauf ebenso ungeduldig bin wie bei den Klamotten, schlug ich schon beim dritten Objekt zu, vor allem, weil die Finanzierung so ideal passte: 7500 Dollar hatten wir gespart, 24000 kostete das Haus, 6000 zahlten wir dafür an, und den Rest teilten sich Makler, Notar und Stadtkasse. So kam es, dass wir im Herbst 1964 abermals umzogen. In *mein erstes Haus*.

Es stand – und steht immer noch – in der 213. Straße von Queens Village, ganz am Ostrand von New York, wo der Stadtteil Queens an das Nassau County anschließt. Ein schlichtes Holzhaus mit solider Unterkellerung auf einem winzigen Grundstück: vorn ein Baum, hinten ein Baum und etwa hundert Quadratmeter Rasen, um dessen Pflege und Gedeihen ich die nächsten fünf Jahre heldenhaft kämpfen würde. Einstöckig natürlich, mit Seitenausgang durch die Küche, wie man es aus den amerikanischen Familienserien im Fernsehen kennt, ein großes Wohnzimmer, ein kleines Schlafzimmer, ein noch kleinerer Arbeitsraum und eine winzige Gästekammer, dazu als Vorbau eine Art Wintergarten, leider nicht beheizbar.

Die Gegend gehörte der unteren Mittelklasse, solide verdienende Facharbeiter mit durchschnittlich zweieinhalb

Kindern, fleißige Hausfrauen, die vormittags Lockenwickler trugen, die Hautfarbe vorwiegend weiß, in jedem zweiten Haus ein Hund. Zwar hatten sich auch ein paar schwarze Familien hierher verirrt, doch waren diese bestens integriert, obwohl bei ihrem Einzug jedes Mal Unruhe aufkam. Denn die Häusermakler waren dafür berüchtigt, in Häuser, die sich schwer verkaufen ließen, schwarze Problemfamilien zu pflanzen, um rundherum die Preise zu verderben und billige Schnäppchen zu machen. Unsere Schwarzen aber waren »so gut wie weiß«, wie mir Richie von gegenüber versicherte, ein Docksteward irischer Abstammung.

Noch eine Eigenart meiner Vorstadtidylle: Damals gab es nur selten Zäune rund um das Grundstück, denn man hatte ja nichts voreinander zu verbergen, und für den Einbrecher lag der Colt unter dem Kopfkissen. Nachbarschaftshilfe war ungeschriebene Pflicht, und wenn mal morgens das Auto nicht ansprang, eilten aus mindestens drei Häusern Helfer mit Überbrückungskabeln herbei. Zu Halloween hielt man säckeweise Süßigkeiten bereit, und am 4. Juli waren wir die Einzigen im Block, die kein Sternenbanner hissten. Wir parkten dann immer das Auto drei Straßen um die Ecke, aßen im Dunklen und spielten verreist.

Sie spüren es: Mein Hirn kocht geradezu über von Erinnerungen an dieses Haus, die so gern erzählt werden möchten. Aber ich finde, das reicht jetzt an Biografie, ein aktuelles Reisebuch darf nicht im Memoirensumpf versinken. Deshalb verzichte ich auf den Bericht, wie ich Lucky, den Nachbarhund, rettete, als er vom Blizzard eingeschneit war; ich verschweige auch meine Heimwerker-Epoche, die mich wie eine Suchtkrankheit überfiel und dazu zwang, das Wohnzimmer mit Paneelen zu vernageln und Korkfliesen unter die Schlafzimmerdecke zu kleben; ich berichte nichts von Conny, meiner Nachbarin, die jedes Mal, wenn die Müllabfuhr kam, in sexuelle Raserei verfiel und im Nachthemd auf der Veranda tanzte, bis sie dann, wenn die Müllmänner wieder abgezogen waren, erschöpft und schwer atmend in sich zusammensank; und kein Wort verliere ich über Franco, ihren Ehemann, der ein Auto mit Klimaanlage besaß und an heißen Wochenenden stundenlang drinnen hockte, bei laufendem Motor, während Frau und Kind im nicht klimatisierten Haus schwitzen mussten. Nicht einmal die alte Dame im Nachthemd erwähne ich, die uns alle paar Wochen aus dem Schlaf klingelte, mit der Behauptung, dass sie hier wohne, und die dann immer vom gleichen gelangweilten Sheriff verhaftet wurde, weil man damals noch nichts über die Alzheimer Krankheit wusste. All das verschlucke ich jetzt, auch wenn sich mein Bauch unter dem Druck der gefressenen Erinnerungen aufbläht wie ein Heißluftballon vor dem Start. Nur eine Geschichte MUSS ich noch loswerden. Die Geschichte von meinem *ersten Buch*.

Auf einer Reise nach Haiti – das war 1967, noch zur Zeit des gefürchteten Voodoo-Diktators »Papa Doc« Duvalier – verliebte ich mich in Port-au-Prince in einen holzgeschnitzten Kerzenleuchter. Kein gewöhnlicher Kerzenleuchter, sondern ein halber Baumstamm, fast so groß wie ich. Ich kaufte ihn und ließ ihn per Luftfracht in einer sargähnlichen Kiste nach New York fliegen.

Am gleichen Tag, als ich die Nachricht erhielt, mein Kerzenleuchter läge zur Abholung im Frachtterminal des Kennedy-Flughafens bereit, sollte auch Daniel Keel eintreffen, der legendäre Gründer und damals noch aktive Leiter des Diogenes-Verlags in Zürich. Zu jener Zeit war ich noch gastfreundlich, betreute alte Freunde mit Rat und Tat auf ihrer ersten Amerika-Reise und hatte gerade den wunderbaren Tiroler Zeichner Paul Flora für ein paar Tage zu Gast gehabt. Und ebenjener war es, der mir den Auftrag erteilte, mich ein bisschen um Daniel Keel zu kümmern – in den sechziger Jahren war so eine Reise auch für Verleger noch eine große Sache. Sie waren damals alle noch bescheidene Leute, dankbar für ein billiges Hotel und ein bisschen Rumgefahrenwerden.

Ich holte Daniel Keel am Flughafen ab, und weil Verleger, wie gesagt, damals noch bescheidene Leute waren, hatte er acht Stunden in der Holzklasse einer grässlich lauten, ungemütlichen, heute nur noch in Usbekistan zugelassenen Boeing 707 verbracht und war bei der Ankunft fix und fertig. Da ich nun schon mal am Flughafen war, nutzte ich die Gelegenheit und fuhr mit ihm hinüber zum Frachtterminal – war ja schließlich nur ein kleiner Umweg. Gemeinsam nahmen wir dort die Kiste mit dem Kerzenleuchter in Empfang, und ich machte einen meiner üblichen Witze: Da wäre der Leichnam meiner Mutter drin, sagte ich, die wollte immer schon nach New York, aber zu Lebzeiten hätte es nie geklappt. Ich erwartete natürlich, dass die Zollbeamten die Kiste öffnen würden, und dann würden wir beide lachen.

Aber die Beamten vertrauten meiner Zollerklärung und öffneten die Kiste nicht. Daniel Keel war so müde vom Flug und so beeindruckt von meiner Geschichte und von Amerika noch dazu, wo ja bekanntlich alles möglich ist, dass er mir die Sache abnahm. Ich ließ ihn in dem Glauben, weil mir die Wahrheit – wie so oft – viel zu banal erschien. Außerdem wollte meine Mutter tatsächlich immer nach New York, war aber 1967 schon zwölf Jahre tot.

Zu zweit schleppten wir die schwere Kiste über den gar nicht so kurzen Weg zum Parkplatz. Keel knickte vor Erschöpfung fast zusammen, und weil die riesige Kiste ziemlich verkehrswidrig aus dem offenen Kofferraum meines Autos ragte, fuhr ich über Schleichwege durch Brooklyn und Queens zu meinem Haus, während der Verleger besorgt auf dem Rücksitz kniete, um aufzupassen, dass ich meine Mutter nicht verlöre – zum zweiten Mal gewissermaßen. Es ging alles gut, und den Kerzenleuchter habe ich heute noch.

Auf dieser Reise besuchte Keel drei Leute, die für seinen Verlag wichtig werden sollten: Carson McCullers – ich chauffierte ihn zu ihrem Häuschen in New Jersey, sie empfing uns am Gartentor, und ich habe das Bild noch klar vor Augen: eine grauhaarige, liebenswerte, alte Dame vor einer Gartenidylle wie von Norman Rockwell gemalt; ferner den Zeichner Maurice Sendac mit seinen grimmig-freundlichen Tierfiguren; und schließlich den genialen und auch damals schon herrlich wahnsinnigen Schweiz-Kanadier Tomi Ungerer.

Ich muss ein guter Reiseführer gewesen sein ... oder war es die Sache mit dem Sarg meiner Mutter? Jedenfalls war Keel so angetan, dass er mir den Auftrag gab, im Rahmen der damaligen Diogenes-Reihe *Reisen für Anfänger* den New-York-Führer zu schreiben. Mit Illustrationen von Tomi Ungerer. Mein *erstes Buch*.

Sofort rief ich Ungerer an: Er war auf Anhieb herzlich und lud mich in sein Atelier ein, in der 42. Straße West gelegen, direkt am Times Square, damals die wüsteste Gegend von Mid-Manhattan mit Drogenhändlern, Pornokinos und Nutten aller drei Geschlechter. Voller Erwartung fuhr ich hin, einmal wegen des Buches und zum anderen, weil mir Keel erzählt hatte, dass die einzige Sitzgelegenheit für seine Gäste ein gynäkologischer Untersuchungsstuhl war. Aber Tomi Ungerer war nicht da, er hatte die Einladung wohl vergessen.

Die Zeichnungen machte er trotzdem, das Buch erschien, und ich war unglaublich stolz: Aus den schlammigen Niederungen der Zeitungsschreiber war ich endlich in den Autorenhimmel aufgestiegen. Millionen Leser* würden fortan New York durch meine Augen sehen, *meine* Stadt gehörte jetzt *noch mehr mir.*

Tomi Ungerer habe ich übrigens bis heute noch nicht persönlich kennen gelernt.

Charlie lacht, Jesus hilft

Natürlich habe ich Wolpers und seine kriminelle Energie im Ansturm der Erinnerung nicht vergessen. Nur ein bisschen verdrängt. Damals, in *meinen* New Yorker Jahren, hatte er ja noch gar nicht gelebt. Erst 1991 war er in mein Leben gedrungen, ganz plötzlich, als Praktikant bei *Schmidteinander*. Wenn immer in der Live-Sendung etwas schief ging, hatten wir ihn – zu Recht – dafür verantwortlich gemacht, nach einem stets gleich ablaufenden Ritual: »Wer ist schuld?«, fragten Schmidt und ich, und dann riefen wir

---

* Es waren 12 000, bei zwei Auflagen von jeweils 6000. Wie viele von den Lesern WIRKLICH nach New York reisten, entzieht sich natürlich meiner Kenntnis.

»WOLPERS!!!«, und die Regie spielte ein Band ein, das zeigte, wie wir ihn zu Tode prügelten. Ach, hätten wir das damals doch wirklich getan. Präventive Notwehr nennt man das. Sehr beliebt bei den Amerikanern.

Wie immer zu Drehbeginn herrschte auch bei unserem New-York-Film zunächst ungetrübte Harmonie. Wir waren sicher, dass sich die Krisen der Vergangenheit nicht wiederholen würden – wir hatten schließlich dazugelernt, und außerdem war ein »Neuer« dabei, vor dem wir uns nicht blamieren wollten: ein zweiter Stefan, den wir Ton-Stefan nannten, im Unterschied zum Kamera-Stefan. Erik, unser bisheriger Tonmann, war nicht mehr auffindbar gewesen. Wolpers UND mich ertragen zu müssen, war wohl über die Kräfte des schweigsamen, sensiblen Friesenkämpfers gegangen, und er hatte sich versteckt. Wahrscheinlich ist er Einsiedler in Tibet geworden und melkt Grunzochsen in 6000 Metern Höhe.

Da ich, wie schon mehrfach erwähnt, ein Anhänger der Seilschaft bin und wenig Lust habe, neue Gesichter kennen zu lernen, fehlte mir Erik mit seiner bayerischen Sturheit und den seltsamen Glucks- und Piepslauten, die er anstelle von Wörtern bei seiner Arbeit ausstieß. Vor allem vermisste ich seine boshaften Sabotageakte gegen den diktatorischen Kamera-Stefan, die so geschickt angelegt waren, dass sie dem Letzteren zwar ständig das Leben schwer machten, trotzdem aber niemals den Dreh gefährdeten. So stellte ich mir den idealen Terroristen vor, und mehr als einmal jammerte ich, wie sehr mir Erik fehlte. Ton-Stefan, der Neue, fühlte sich deshalb benachteiligt und ungeliebt, was aber nur zur Hälfte stimmte: Da ich mich selbst nicht mag, mag ich auch alle anderen Leute nicht, die ich eigentlich mögen *möchte*. Und bis ich mich an sie gewöhnt habe, damit ich sie mögen *könnte*, bin ich meist schon mit ihnen zerstritten …

Auch unseren New-York-Film wollten wir auf die gleiche Art wie alle früheren beginnen: Fahrt oder Flug über die Landschaft auf ein winziges Ziel in der Ferne zu, das sich in der Nähe als Feuerstein mit Landkarte im Goldrahmen entpuppen würde. Ideal dafür wäre das Flachdach auf einem der Zwillingstürme des World Trade Center gewesen, das es 1969, bei meiner Abreise aus New York, gerade erst im Planungsstadium gegeben hatte und das dann später als Opfer von Hass und Wahnsinn nicht mal drei Jahrzehnte alt werden durfte. Aber wir bekamen keine Drehgenehmigung, und auch der Luftraum über Manhattan war streng reglementiert, lange schon vor den Terroranschlägen des 11. September: Niemals hätten wir mit dem Hubschrauber auch nur in Dachhöhe fliegen dürfen, nur rund um Manhattan, über dem Wasser, waren niedrigere Höhen erlaubt.

Wolpers fand einen klugen Ausweg: Der Hubschrauber mit der Kamera würde von Süden herkommen, über die Hafeneinfahrt, an der Freiheitsstatue vorbei, und ich würde auf dem Dach eines der letzten Häuser stehen, die dort zwar nur zwanzig Stockwerke hoch sind, aber dafür einen freien, unverbauten Blick bieten. Tatsächlich fanden wir das ideale Gebäude ganz unten am Broadway, kurz bevor dieser in den Battery Park mündet. Und die Sache mit der Drehgenehmigung lösten wir auf New-York-Art: Hundert Dollar dem Hausmeister bar auf die Hand, dafür öffnete er die Dachluke und wusste von nichts.

So geschah es auch und es klappte vorzüglich. Mit dem kleinen Schönheitsfehler, dass die »Dachluke« ein Notausstieg war, der sich nur von innen öffnen ließ und mich mehrere Stunden lang zum Gefangenen auf einer leeren, windigen und nur durch ein paar Tonnen Taubenscheiße verzierten Plattform machte. Erst als mein Team nach dem Dreh wieder gelandet war und in aller Ruhe gespeist hatte, merkte jemand, dass einer fehlt, und als dann Wolpers nach vier Stunden zurückkam und die Luke öffnete, machte er ein Schafsgesicht und sagte: »Da bist du ja endlich.« Wäre ich weniger zivilisiert, hätte ich auch ohne Schmidt »WOLPERS!« gebrüllt und ihn alleine totgeschlagen. So aber schwieg ich und gab ihm nur einen Fußtritt.

Wie es der Zufall wollte, konnten wir am gleichen Tag am selben Schauplatz auch die Schlussszene drehen. Denn auf diesem letzten Stück des Broadway finden die weltberühmten *Ticker Tape*-Paraden statt, New Yorks einzigartige Heldenehrungen für Krieger, Sportler und Astronauten, bei denen tonnenweise Papier aus den Bürofenstern der Hochhäuser geworfen wird. Früher waren es die Endlosschlangen aus den Börsentickern, die man das Jahr über nur für diesen Zweck aufbewahrte und die der Parade ihren Namen gaben. Heute ist es alles, was der Schredder hergibt, und zusätzlich auch noch jede Menge Klopapier, weil sich das so wunderbar die Fassade hinunter abrollen lässt.

Diesmal galt die Huldigung der siegreichen Baseball-Mannschaft der *New York Yankees*, aber das zeigten wir nicht. Stattdessen marschierte ich kurz vor Beginn der Parade winkend den Broadway entlang, Stefan lief mit der Kamera vor mir her, und da jeder Amerikaner sofort zurückwinkt, wenn er eine Fernsehkamera erspäht, sieht das im Film so aus, als schritte ich unter dem Jubel der Massen ganz alleine den Broadway ab. Was man NICHT sieht, sind zahlreiche Ordner und Polizisten, die von allen Seiten auf uns zustürzten, um uns von der Straße zu vertreiben. Stefan war natürlich schneller.

Nur ein paar Wolkenkratzer weiter, auf der Verlängerung der Wall Street hinter der ehrwürdig-niedlichen Trinity-Kirche, schlug Wolpers dann zum zweiten Mal zu. »Dreh mit zwei Fensterputzern« stand im Ablaufplan. »Extremklettern auf einem Wackelbrett« war es in Wirklichkeit. Ein Anschlag von infernalischer Genialität: Er wollte mich in den Selbstmord treiben, der wie ein Unfall aussieht. Um dann die Versicherungskohle für den Produktionsausfall zu kassieren.

Wer mich ein bisschen kennt, der weiß: Der Tod ist mein ständiger Begleiter. Ganz im Sinne von Johann Sebastian Bach als Mahnung an die Nichtigkeit des Seins, aber ebenso als Lebensgefühl eines Mozart aus der Verzweiflung heraus, Salzburger zu sein. Da hilft nur der Tod als Befreiung, und meine Erlösung ist das ewige Nichts, denn ich habe viel zu viel Respekt vor den Religionen der Welt, um einer einzigen zu trauen.

Ich gehe auch kein bisschen sentimental damit um, sondern durchaus realistisch: Mein Testament ist immer auf dem neuesten Stand, und gern hätte ich mir diesen Kleiderschrank gekauft, den man mit ein paar Handgriffen in einen Sarg verwandeln kann, doch hat mir das meine Frau verboten. Dafür habe ich sie aber rumgekriegt, dass wir monatlich einen »Witwentag« begehen, übungshalber: wo der Safeschlüssel liegt, wer auf keinen Fall eine Rede halten darf, und wie sie sich am Grab verhalten soll, wenn andere Frauen auftauchen, von früher natürlich, als wir uns noch nicht kannten.

Da liegt die Frage nahe, wieso ich mich noch nicht umgebracht habe. Wo ich doch dem Freitod als selbstgewählte Entscheidung durchaus mit Sympathie gegenüberstehe und vermute, dass der Grund für die staatliche Opposition dagegen weniger die Ethik ist als das Finanzamt, das Sorge hat, dass man Steuerschulden mit ins Grab nehmen könnte. Aber bisher hatte ich einfach noch keinen Grund dafür. Denn entweder verlief mein Leben so grässlich, dass es nur besser werden konnte – was ja auch schon wieder ein Überlebensgrund ist. Oder es ging mir gerade gut, und warum sollte ich mich dann umbringen? Zumal ich in den letzten vierzig Jahren so gut wie nie krank gewesen bin ... Was ja nun wahrhaft kein Wunder ist, wenn man dem Tod so nahe steht. Denn was soll eine Krankheit im ständigen Angesicht des Sensenmanns? Die will ja auch leben.

Es gibt freilich eine Situation, in der der Todeswunsch bei mir übermächtig wird: wenn ich am Dachrand eines Hochhauses stehe oder auf einem Felsen, ohne Halt, und es geht neben mir senkrecht hinunter. Dann packt mich die Anziehungskraft der Erde mit der Macht von tausend Magneten, ich werde schwindlig und spüre den unbändigen Drang, nachzugeben und mich fallen zu lassen. Und das wusste Wolpers. Weil er mich auf der mexikanischen Sonnenpyramide und in den Bergen von Oman schon früher mehrfach in solche Lagen gebracht hatte.

Die beiden Fensterputzer, die uns erwarteten, waren sympathische Kerle. Der eine hieß Charlie, war schwarz und stammte aus Brooklyn, der andere kam aus Kolumbien und trug den Namen Jesus. Natürlich machte ich sofort meine Witzchen: »Mit Jesus gen Himmel zu fahren, kann wohl kaum schief gehen«, sagte ich, und Jesus kicherte höflich, denn bestimmt hatte er das schon tausendmal gehört.

Zum Putzen der Wolkenkratzerfenster gibt es die verschiedensten Möglichkeiten, vom luxuriösen Hightech-Aufzug, der an Schienen an der Fassade rauf- und runtergleitet, bis zum Holzbrett, das lose an einem Balken hängt und mittels Elektromotor hochgezogen wird. Eigentlich geradezu selbstverständlich, dass sich Wolpers für das letztere Modell entschieden hatte.

Vierzig Stockwerke war das Gebäude hoch, ein modernes Bürohaus mit glatter Stahlbeton-Glasfassade ohne Vorsprung und Schnörkel bis zum Dach. Ich stellte sofort klar: Ich lasse mich nur bis zum zweiten Stockwerk hochziehen. Dort würde ich in aller Ruhe entscheiden, ob ich noch den vierten Stock schaffen könnte, die absolute Obergrenze. Darüber hinaus ginge nichts mehr, unwiderruflich und ohne weitere Diskussion. Stefan könne ja tricksen, sodass es aussehen würde, als wäre ich ganz oben. Wozu gibt es Nachbearbeitung und Trickprogramme.

Wie es Vorschrift ist, bekam ich einen Schutzhelm aufgesetzt, der ja enorm hilft, wenn man vierzig Stockwerke in die Tiefe stürzt. Dann bestiegen wir die Arbeitsplattform, rundherum eine Art Geländer aus Brettern, die Sicherheit bedeuten. Daran hakten wir uns ebenso wie die Putzeimer und alle anderen Geräte fest, der Motor surrte, und wir stiegen hoch.

Es fing wunderbar an. Auch in der Höhe des zweiten Stocks überkamen mich noch keinerlei ungute Gefühle, ich fühlte mich bestens und gab deshalb wohlgemut das Signal zur Weiterfahrt in den vierten, weil man ja dort viel besser die Nahaufnahmen drehen konnte: unsere Gespräche und meinen ersten Versuch als Fensterputzer im *Showboat*-Stil, bei dem man – ähnlich dem Malen einer chinesischen Kalligraphie – aus einer einzigen Bewegung heraus die komplette Scheibe reinigt. Kameragerecht tat ich, als würde ich in höchsten Regionen schweben und um mein Leben fürchten ... und dann blickte ich nach unten und erschrak zu Tode: Zehn Meter Höhe auf einem Wackelbrett sind doch schon mehr, als ich ertragen kann. Wie Nebelschwaden zog der Schwindel an mir auf.

Sofort drehte ich mich um und starrte durch die Fenster in Büroräume, aus denen man uns entweder freundlich zulächelte oder so tat, als würde man uns gar nicht wahrnehmen. Die Fußsohlen begannen seltsam zu kribbeln, der Herzschlag wurde zum heftigen Pochen, und ich wusste: Ich durfte jetzt auf keinen Fall mehr nach unten schauen.

»Nur noch zwei Stockwerke, BITTE!«, schnarrte Wolpers über das Funkgerät, und weil ich vor Beklemmung nichts sagen konnte, drückte Charlie auf den Knopf, und wir stiegen weiter. Ich schloss die Augen, weil es so ruckelte, und wunderte mich, dass dieses Ruckeln nicht aufhören wollte. »Wo sind wir?«, flüsterte ich, als das Brett endlich anhielt.

»Im zwanzigsten Stock«, sagte Charlie und lachte so herzlich, wie alle Schwarzen aus Brooklyn lachen, wenn sich ein Weißer vor ihren Augen aus Angst in die Hosen macht. Dann erzählte er mir Geschichten von den Bürowohnungen ab dem 35. Stock, wo man die geilsten Dinge zu sehen kriegt, wenn man am Morgen ohne Vorwarnung vom Dach heruntergelassen wird.

»Aha«, sagte ich und wusste, dass ich gleich springen würde.

»Nur jetzt nicht hinunterschauen!«, redete ich mir innerlich zu, aber die Glasfassade in dieser Höhe spiegelte den ganzen Straßenzug, es gab keinen Festpunkt mehr, und wenn ich die Augen schloss, zeigte mir die Angst nur noch schlimmere Bilder der Fantasie. »Bring's hinter dich und lass dich fallen«, befahl mir der Schwindel. Ich schwitzte am ganzen Körper, am meisten an den Handflächen und Fußsohlen, die sonst eigentlich immer trocken bleiben. Eine weitere Bosheit der Natur, damit man so glitschig ist, dass man sich nicht festhalten kann? Ein weiteres Hilfsmittel des Todes? Bestimmt hatte Wolpers unten schon Posten aufgestellt, um die Fläche auf dem Gehsteig freizuhalten, auf der ich gleich aufprallen würde.

»Ich kann nicht mehr«, stöhnte ich, »ich werde jetzt runterschauen, und dann muss ich springen!« Ich war wirklich fest entschlossen und hatte nicht mal mehr Lust, mein bisheriges Leben an mir vorüberziehen zu lassen, wie man das angeblich sonst in den Sekunden vor dem Tod zu tun pflegt.

Charlie lachte, weil er dachte, das wäre einer meiner dummen Witze, aber Jesus blickte in mein Herz und verließ mich nicht: Umsichtig ließ er an meinem Gürtel einen zweiten Karabinerhaken einschnappen, bevor der Sog der Tiefe meinen Verstand trüben konnte und ich den ersten Haken lösen würde. Dann drückte er auf einen Knopf, und wir fuhren wieder nach unten.

Wolpers hatte abermals verloren, und ich kam als Ungläubiger zu einer Erfahrung, die sonst nur den Frommen vergönnt ist: Jesus stand mir bei in der Stunde der Not.

King Kongs Rückkehr

Was ich bei den Reisefilmen ganz besonders genossen habe, war die Möglichkeit, durch die Macht der Kamera an Orte und in Situationen zu gelangen, die mir als Tourist niemals zugänglich wären: die Expertenführung durch das Wunderwerk eines Observatoriums auf einer Vulkankuppe in 4000 Metern Höhe, der Gruselbesuch auf einem raketenbestückten amerikanischen Kriegsschiff, ein privates Treffen mit Dolly, dem ersten Klon-Schaf der Welt, ein Golfspielchen mit dem Wirtschaftsminister der Vereinigten Arabischen Emirate ... In den beiden früheren Büchern habe ich ja schon heftig damit geprotzt. Aber auch in New York gab es eine solche VIP-Begehung einer sonst unzugänglichen Wunderwelt: ein Besuch im *Fresh Kills Landfill*, wo die Stadt ihren Müll vergräbt.

Die Deponie liegt auf Staten Island, dem am wenigsten bekannten Stadtbezirk New Yorks, von Manhattan nur mit der Fähre erreichbar, und gilt als die größte Müllhalde der Welt – jetzt mal von den Alpen gegen Ende der Skisaison abgesehen. Über eine Fläche von neun Quadratkilometern dehnt sie sich aus, zwei Drittel davon bereits abgedeckt und neu bepflanzt, aber auch der Rest schon im Endstadium. Denn ein Jahr nach unserem Besuch, Ende 2002, wurde die Deponie nach kompletter Füllung für immer geschlossen. *Ich* aber habe sie noch voll in Betrieb erlebt, der Abschiedsbesuch einer historischen Stätte gewissermaßen. Langfristig soll daraus ein Naturschutzgelände entstehen. Ob Außerirdische in fernen Jahrtausenden hier graben werden, um nach Spuren der dann wohl längst verschwundenen menschlichen Zivilisation zu suchen?

Es war in der Tat ein dämonisches Schauspiel, das sich täglich hier abspielte, das Stoffwechsel-Endspiel der Zivilisation: Zwanzig Riesenkähne schleppen auf dem Wasserweg den gesamten Hausmüll aus allen fünf Stadtteilen an, 14000 Tonnen jeden Tag, jeweils zum Höchststand der Flut. Dann werden die Schleusen geschlossen, damit beim Umladen nichts ins offene Meer entkommt, und gewaltige Schaufelbagger schieben den Abfall abwechselnd mit Erdfüllung über den Boden, zur Freude unzähliger Vögel, meist Möwen und Reiher, die sich dem leicht zu erbeutenden Müllfutter komplett angepasst haben. Eine neue ökologische Nische, sagen die Zoologen dazu. Eine eklige Verzerrung der Natur, empfindet man selber, wenn man mitten unter den Tausenden Vögeln steht, die jede neue stinkende Fuhre kreischend und zankend umflattern.

Gleich nach Japan ist Amerika Vizeweltmeister in der Müllerzeugung, wobei übrigens New York so was ist wie der Einäugige unter den Blinden: nämlich die einzige amerikanische Großstadt mit einer nennenswerten Mülltrennung. Immerhin 17 Prozent des Abfalls werden zum Recycling abgezweigt, etwa die gleiche Menge kommt in thermische Kraftwerke, und nur 62 Prozent landen hier auf der Halde. Macht aber immer noch fünf Millionen Tonnen im Jahr.

Man muss kein zwanghafter Grübler wie ich sein, um hier wieder einmal einen dieser grandiosen Widersprüche Amerikas zu erleben: Nirgendwo sind Strände und Nationalparks sauberer, nirgendwo werden Raucher erbarmungsloser verfolgt, wenn sie nur einen Blick in Richtung Zigarette riskieren – und nirgendwo geht man sorgloser mit Müll und Abgasen um. Aber was soll's, wir haben ja selber genug solcher Widersprüche, da brauche ich nur an die Milliardenkosten durch Raucherleiden zu denken und die Milliardeneinnahmen des Staates durch die Tabaksteuer. Da lasse ich den moralischen Zeigefinger lieber unten.

Wo so viel Müll ist, dürfen die Kakerlaken nicht fehlen – und wer weiß das besser als ich aus der Zeit meiner Absteige in Manhattans 112. Straße. Da war es geradezu zwingend, dass wir von Staten Island über die Brücke westwärts nach New Jersey fuhren und dann den Hudson hoch in Richtung Norden bis etwa auf die Höhe der Freiheitsstatue. Nach dieser *Miss Liberty* – in deren engem Korsett Sie übrigens nicht unbedingt innen raufklettern müssen, der Anblick von außen langt völlig! – ist auch das kleine Institut benannt, das wir hier besuchen, das *Liberty Science Center* mit seiner Spezialabteilung für meine alten Freunde und Zimmergenossen: die Küchenschaben.

Wussten Sie, dass es die *deutsche* Küchenschabe *(Blatella germanica)* ist, die New York erobert und ebendort die fast doppelt so große amerikanische Kakerlake verdrängt hat? Muss man sie nicht allein schon aus Nationalstolz lieben? Fast schäme ich mich heute, mit welcher Intoleranz ich sie damals verfolgt habe, gnadenlos und mit der einzig wirksamen Waffe, die es gegen Küchenschaben gibt: dem Schlag mit dem flachen Pantoffel. Denn gegen die üblichen chemischen Mittel sind die Tiere inzwischen längst immun, und da sie im Vergleich zum Menschen die tausendfache Strahlendosis verkraften, würden sie mühelos selbst Atomkriege überleben. Aber nicht Pantoffeln.

Auch sonst sind sie ein wahres Wunderwerk der Natur: Mit dem Mund können sie nicht nur fressen, sondern auch riechen. Und, wenn erforderlich, spucken. Sie haben einen Kropf wie Vögel, wo sie Gefressenes speichern und vorverdauen können, sowie Nieren und Lungen. Wenn ihr Herz zu schlagen aufhört, leben sie immer noch, weil die Blutflüssigkeit in ihrem Körper frei zirkuliert. Und sie sind hoch sensibel. Denn sie haben nicht nur diese beiden Riesenantennen am Kopf, mit denen sie sich auch bei völliger Dunkelheit orientieren können, sondern auch zwei weitere Fühler am Hinterteil, *Cerci* genannt, die so empfindlich sind, dass sie damit allein an der Luftbewegung spüren, wenn von hinten Gefahr droht. Und hier das Spannendste überhaupt: Das Hirn der Schabe befindet sich nicht nur im Kopf, sondern ist über den ganzen Körper verteilt, bis runter zu den Beinen. Auch ohne Kopf kann das Tier also weiterleben, und zwar ziemlich vergnügt, denn im kopflosen Zustand hat es – mangels Vernunftsteuerung – nur noch Sex im Sinn: Ab jetzt kopuliert es, bis es verhungert, weil es ja nicht mehr fressen kann.

Drängen sich da nicht zwingende Parallelen zu Wolpers auf? Hat er jemals gezeigt, dass er ein Herz besitzt? Läuft er nicht ebenfalls kopflos rum, in ständiger sexueller Erregung, was aber bisher nicht auffiel, weil man das von Produzenten gar nicht anders kennt? Ist er nicht in Wahrheit eine riesige Küchenschabe mit zwei Sensoren am Hintern, die ihm auch bei völliger Dunkelheit melden, wenn die Quote im Arsch ist?

Egal, ob Mensch oder Kerbtier: Schon am nächsten Tag bewies Wolpers dann endgültig, dass ihm wesentliche Hirnteile fehlen. Zufällig nämlich fiel in unsere zwölftägige Drehzeit der alljährliche New Yorker Marathonlauf, und da schlug er doch allen Ernstes vor, ich solle die Gelegenheit wahrnehmen – und mitrennen. Ist doch ein Volkslauf für jedermann, argumentierte er mit vor Erregung vibrierenden Fühlern, und das wär doch mal was:

»Wir keuchen mit«, eine Reportage von innen heraus …
müssen ja nicht unbedingt sämtliche 42 Kilometer sein,
aber der Anfang, das Ende und ein paar tolle Einstellungen zwischendurch, höchstens 30 Kilometer insgesamt.
Ich war sprachlos.

Sport habe ich in jeder Form und in jedem Lebensalter grundsätzlich abgelehnt. Ich sehe nicht ein, seinen einzigen Körper, der ohnehin durch Unvermeidlichkeiten wie Kauen, Gehen oder Sex bis zur Grenze des Erträglichen geschunden wird, durch überflüssigen Energieverbrauch zusätzlich zu belasten, und ich bin fest davon überzeugt, dass ich meine strahlende Gesundheit der letzten sechzig Jahre ausschließlich dieser Einstellung verdanke. Dabei ist es durchaus nicht so, dass ich zimperlich bin: Ich gehe gern kilometerweit, sei es der Landschaft wegen oder um bestimmten Kollegen auszuweichen, aber es würde mir nicht im Traum einfallen, ohne Grund oder Rechnungsstellung auch nur mit dem Finger zu zucken. Es macht mich ratlos, wenn erwachsene Menschen auf Bälle eintreten, ich finde es obszön, dass man eine Verkürzung der Arbeitszeit fordert, um dann die gesparte Kraft mit Foltermaschinen im Fitness-Studio abzubauen, und es schmerzt mich, dass sogar meine Frau, von der ich sonst so viel lernen kann, bereit ist, über Stunden auf dem Stepper zu traben, aber beim Blumengießen auf der Terrasse schon nach dreißig Sekunden in schwerste Erschöpfungszustände verfällt. Und zwar im Voraus. Aber was rege ich mich auf: Natürlich bin ich nicht mitgelaufen. Trotzdem waren wir dabei, beim Start ebenso wie im Ziel, allein schon aus journalistischer Sorgfaltspflicht. Und hinterher war ich sogar froh darüber, weil ich wieder mal vor Ort den Beweis geliefert bekam, wie Recht ich doch mit meiner Sportverweigerung habe. Was für ein absurdes Schauspiel!

50 000 Männlein und Weiblein versammeln sich vor der Verrazano-Brücke auf der Seite von Staten Island in Richtung Brooklyn. Aufgeregt flattern sie durch die Morgenkühle des zweiten Sonntags im Oktober und zertrampeln das letzte Grün, die einen dick in Thermoklamotten verpackt, die andern schon halb nackt im Laufdress, je nach der Broschüre, die sie vorher gelesen hatten: Man muss den Körper vorher überwärmen, raten die einen, man muss sich selber heiß laufen, sagen die anderen. In einem Punkt aber schienen sich alle 50 000 einig zu sein: Man muss vor dem Start noch mal pinkeln.

Zwar hatten die Stadtväter ein paar Dutzend Toilettenwagen aufgestellt, aber für diesen Augenblick hätten es Tausende sein müssen. Für die 25 000 Kerle war dies kein großes Problem: Sie stellten sich im Endlosspalier an den Straßenrand und bildeten einen Massenbrunnen von der Wasserkraft der Niagarafälle, während die Polizisten, die im supersauberen New York sonst schon bei lautem Räuspern ihre Strafzettel zücken, diskret in den Himmel schauten und Vögel zählten. Die Mädels hingegen standen in endlosen Schlangen vor den »Hygiene-Kabinen«, wie man im prüden Amerika so was nennt. Nervös hüpften sie von einem Bein aufs andere, schauten auf die Uhr und mussten dann, als pünktlich zum Start aufgerufen wurde, zum größten Teil unentleert auf die Straße zurück. Ob das wohl der Grund ist, dass Frauen, die doch sonst immer alles besser können, beim Marathonlauf nicht aufstecken? Weil sie vorher nicht pinkeln können?

Und hier noch ein weiterer Beweis für die Trübung des menschlichen Verstandes durch Sport: Vor dem eigentlichen Lauf, mit einer halben Stunde Vorsprung, startet der Marathon der Behinderten. Ein paar hundert Rollstuhlfahrer. Ist das noch zu fassen? Reicht denen die Behinderung nicht? Suchen sie eine neue??

In einer Kolonne von Privilegierten-Bussen für Presse und andere Wichtigtuer rasten wir dann durch die sonst weitgehend gesperrten Straßen zum Central Park, dem Ziel des Volkslaufs, wo ich dann die endgültige Bestätigung der Lebensregel »Sport ist Mord« geliefert bekam. Gut, die ersten zwanzig oder dreißig, die die Ziellinie überquerten, waren Profis. Ausgemergelte Laufmaschinen aus irgendwelchen Hochländern, wo man schon von Geburt an gewohnt ist, ohne Sauerstoff auszukommen. Sie strahlten, winkten, umarmten ihre Betreuer und konnten sogar noch Laute von sich geben, die so ähnlich klangen wie *great* und *I love New York*. Aber nach einer halben Stunde oder so torkelten dann nach und nach die echten Volksläufer ein, das wahre Fußvolk, sportbegeisterte Amateure, Menschen wie du, aber nicht ich. Sie stolperten über die Ziellinie, warfen die Arme hoch – und brachen zusammen. Jeder Zweite kotzte, jeder Dritte schrie vor Schmerzen und jeder Zehnte wurde wie eine Forelle in Alufolie gewickelt und ins Sanitätszelt getragen. Ich aber war ausnahmsweise mal zufrieden mit mir und ging abendessen.

Am vorletzten Tag, bei unserem Besuch des Empire State Building, des ehrwürdigen Postkarten-Wahrzeichens von New York, sah ich denn endlich das wahre Gesicht von Wolpers: Aus der Küchenschabe wurde ein Affe. Auf seinen eigenen Wunsch. Denn er wollte da oben unbedingt King Kong spielen.

Wir alle kennen den Filmklassiker des Jahres 1933, den allerersten King-Kong-Film, der damit endet, dass der Riesenaffe auf dem Empire State Building hockt und nach Kampfflugzeugen hascht, die ihn von allen Seiten angreifen. Da hatte Wolpers die gar nicht so schlechte Idee, dass am Ende unserer Reportage, wenn ich auf der Aussichtsplattform ein bisschen über die Geschichte des Wolkenkratzers erzählte, von hinten plötzlich King Kong angeschlichen käme, mich packte und aus dem Bild trüge. Zu diesem Affen würde er sich natürlich selber machen, in einem Theaterladen hatte er bereit sein Ganzkörperkostüm besorgt.

Natürlich war mir sofort klar, dass das nicht alles war, was er plante: Er würde mich aus dem Bild tragen und dann hundert Stockwerke in die Tiefe werfen, leichter und unschuldiger könnte man einen Unfall gar nicht vortäuschen. Trotzdem war ich unbesorgt, denn die Besucherplattform ist rundherum, von unten bis oben, wie im Zoo mit einem lückenlosen Gitternetz gesichert, als Barriere gegen Selbstmörder und die mit ihnen verwandten Fallschirmspringer und Drachenflieger, die diese Höhe in der Vergangenheit immer wieder als ideales Sprungbrett für ihre Karriere betrachtet hatten.

Was ich dabei nicht bedacht hatte: Es gibt da noch eine Art Geheimtreppe ein paar Stockwerke nach unten, zu einer wesentlich größeren und völlig freien Plattform, wo die Scheinwerferbatterien für die nächtlich wechselnde Farbbeleuchtung untergebracht sind. Hier hatten wir zuvor mit dem Cheftechniker des Wolkenkratzers gedreht und von ihm alles über die Höhe erfahren (381 Meter), die Aufzüge (insgesamt 73) und wie man zur Not auch ohne sie auskommen kann (1860 Stufen, auf denen jedes Jahr ebenfalls ein Laufwettbewerb stattfindet – der Schnellste dieser Wahnsinnigen schafft es in elf Minuten). Anschließend waren wir wieder nach oben geklettert, für mein Schlusswort und die King-Kong-Szene. Die Treppentür, sonst immer streng versperrt, war offen geblieben. Genau damit hatte Wolpers gerechnet: Er würde mich aus dem Bild tragen, die Treppe hinunterschleppen und dann von der freien Plattform in die Tiefe schmeißen.

Was er dabei vergessen hatte, war die Kostümprobe. Denn Wolpers ist ja kein Schauspieler, sondern ein Produzent, ein typischer Filmemacher mit der festen Überzeugung: »Das kriegen wir nachher im Schnitt wieder hin!«, egal, wie daneben der Dreh auch geraten war. Und da hatte er nicht bedacht, dass man durch die winzigen Augenlöcher der Affenmaske so gut wie nichts sehen kann, und noch viel weniger, wenn man einen zappelnden Feuerstein in den Armen trägt. Also packte er mich, trug mich aus dem Bild – und rannte dann auf vergeblicher Suche nach der Pforte, die ins Treppenhaus führt, mehrfach gegen verschiedene Mauern, prallte grunzend gegen die Lifttür – und stand schließlich, nachdem er mit mir eine komplette Runde um die Aussichtsplattform gedreht hatte, wieder vor dem Team.

»Ich wusste gar nicht, dass er dich so lieb hat«, sagte Kamera-Stefan, als mich Wolpers endlich absetzte. Er zog die King-Kong-Maske vom Kopf und kratzte sich verlegen unter den Achseln. Einmal Affe, immer Affe.

»Das war deine letzte Chance, Wolpers«, sagte ich. »Und die hast du eben verbockt.«

Unheimat

Es war kein leichter Abschied, als ich im Frühsommer 1969, nach fast zehn Jahren, *meine* Stadt New York verließ. Schon gar nicht von Pearl. Wir machten uns vor, es wäre nur ein »Abschied zur Probe«: ein Test, ob ich überhaupt in Deutschland Fuß fassen könnte ... Bestimmt käme ich bald gescheitert wieder zurück. Oder vielleicht würde sie es sich anders überlegen und mir doch nachfolgen, wenn alles gut läuft. Ist ja noch nichts entschieden ...

Natürlich war es längst entschieden. Das wusste ich beim letzten Blick zurück auf mein Haus, das spürte ich bei der letzten Umarmung, und im Flugzeug lernte ich ein neues Phänomen meines Körpers kennen: dass einem sechs Stunden lang Tränen aus den Augen sickern können – ohne Unterbrechung. Aber als ich dann in Frankfurt ausstieg, war New York Vergangenheit. Die *Green Card* ließ ich verfallen.

Ich bin heimatlos, dazu habe ich mich bereits im Schottland-Kapitel von *Feuersteins Ersatzbuch* ausführlich bekannt. Wo immer ich bin, fühle ich mich fremd, weshalb ich stets vorgezogen habe, dort zu leben, wo ich nicht hingehöre – da lässt sich das Unwohlsein leichter ertragen: Man ist sich ja sicher, hier nicht lange zu bleiben.

Schuld an meinem Zustand der Unheimat ist wahrscheinlich Salzburg, die Stadt meiner Kindheit mit ihrer einmaligen Mischung von Schönheit und Heimtücke. Wer hier bestehen will, muss scheitern, sofern er nicht bedingungslos in das heimische Lager übertritt, in die herrschende Mehrheit der Raubritter, die einst schon Mozart per Tritt in den Hintern außer Landes befördert haben und seither dafür Eintritt kassieren.

Auf Salzburg folgte Wien, meine erste Fremdwohnung, wo man sich als Älpler allein schon aus genetischen Gründen niemals zu Hause fühlen kann, und nach New York kam Frankfurt, wo ich schon kurz nach der Ankunft aus meinem Fenster im Westend dem späteren Außenminister beim Steinewerfen zusehen konnte. Eigentlich hätte ich damals gern mitgemacht, aber ich kam wieder mal zu spät und war wohl auch zu feige: Straßenschlachten sind ja noch brutaler als Sport und fast so sinnlos.

Eine neue Ehe lang verbrachte ich dann im Odenwald, als einziger Atheist in einem katholischen Dorf, dessen Anerkennung ich mir mühsam erarbeiten musste, indem ich den Gläubigen zehn Jahre lang zu Ostern und Weihnachten auf der kleinen, zum Jaulen neigenden Kirchenorgel zu jenen Harmonien verhalf, die sie im Gemeinderat vergeblich suchten – heimisch bin ich trotzdem nicht geworden. Auch nicht danach, in einem Zwischenlager in Rodgau, und schon gar nicht in meiner heutigen Herberge in der Nähe von Köln. Alles Stationen, keine Heimat.

»Heimat« könnte ich höchstens meine Wohnung nennen, obwohl »Schneckenhaus« sicher die treffendere Bezeichnung wäre. Für alle meine Wohnstätten übrigens, egal, wie lang ich mich darin aufhalte. Auch Arbeitsabsteigen gehören dazu, oder Hotels, wenn ich dort länger als eine Woche verweile. Lage, Fassade und schickes Ambiente interessieren mich wenig, ich ziehe bedenkenlos auch in zweifelhafte Gegenden – solange nur bestimmte Bedürfnisse gestillt sind. Tatsächlich sehen seit mehr als dreißig Jahren alle meine Wohnungen einander erschreckend ähnlich: hoch oben, nachbarlos und lärmsicher, mit mindestens einem übergroßen Raum zum Rotieren und Grübeln sowie einer Terrasse mit Fernblick ins Ungewisse. Die Einrichtung ist karg, auf keinen Fall üppig, nur zwei Gegenstände sind seit fast vier Jahrzehnten unverzichtbarer Bestandteil: mein selbst getischlertes Clavichord* mit den vier windschiefen Beinen, mit dessen Bau ich mir in meinem New Yorker Bastelkeller ein ganzes Jahr lang die Seelenwunden vom Körper gehobelt hatte. Und natürlich mein baumstämmiger Kerzenständer aus Haiti.

Längst habe ich diesen Zustand der Unheimat angenommen und empfinde ihn sogar als hilfreich: Er erleichtert das Abschiednehmen und fördert die Lust auf neue Ziele. Aber New York war doch die Ausnahme. Es war eine Fast-Heimat, möchte ich hinterher sagen, weil in dieser Stadt der Einstieg ins eigene Leben begann: die Befreiung vom Vater, verbunden mit dem Sturz ins Bodenlose, der unvorbereitete Wechsel vom warmen, aber ungeliebten Nest zum Existenzkampf, wie ich ihn vorher nur aus marxistischen Abschreck-Broschüren kannte. Die Geburtswehen eines neuen Bewusstseins, beschwert durch massive Ängste: Ich war sicher, ich würde hier elend scheitern, und hielt bei meinen Streifzügen durch die Bowery, der damaligen Slum-Ecke von Manhattan, bereits Ausschau nach Hinterhoftreppen, unter denen ich still und demütig verkommen könnte.

Wenn ich die letzten Zeilen überlese, muss ich freilich lachen. Denn darin schwingt tatsächlich schon wieder der Pathos der Tellerwäscher-Karriere: Seht her, was ich durchgemacht habe. Was für ein Kerl ich bin! Dabei hat alles doch so schnell, so leicht, so locker geklappt. Gerade mal

---

* Für Kenner: Ein Zuckermann-Bausatz aus der legendären Christopher Street von Greenwich Village mit vorgefertigtem Steg und sämtlichen Materialien als Einzelteil; kostete damals knapp 1000 Dollar.

ein lächerliches halbes Jahr, in dem ich ein bisschen am Abgrund schrammte.

Meine Phantasie freilich, die immer schon zu enormen Übertreibungen neigte, sah dies anders. Sie schuf noch jahrelang Dämonen von kolossalem Ausmaß: Jede Fahrt mit der U-Bahn erzeugte damals Atemnot und klaustrophobische Zustände, vor jeder Autofahrt nach Manhattan fürchtete ich mich schon Tage vorher, weil sie über Brücken führte, oder schlimmer noch, durch einen Tunnel, verbunden mit Hitzewallungen und Schweißausbrüchen sowie der Panik, jeden Augenblick ohnmächtig umzufallen. Ich hielt mich für todkrank und zwang mich zu seltsamen Diäten und Riten. Pearl war zutiefst erschrocken, als sie Jahre später in meinem New Yorker Nachlass ein Bündel alter, bezahlter Psychiaterrechnungen fand, den Preis für allerlei Neurosen und Macken, mit denen ich ein halbes Jahr lang einen gewissen Dr. Levine gelangweilt hatte – ohne dass sich mein Zustand dadurch auch nur um einen Deut verbessert hätte. Denn die Freud'schen Quacksalber hatten damals Hochkonjunktur und waren fest davon überzeugt, auf ihrer schwarzen Ledercouch auch die innersten Lebensängste therapieren zu können, vorausgesetzt, man war bereit, die nächsten dreißig Jahre lang zwei Mal die Woche Seelenmüll auszukotzen. Vor meiner Frau hatte ich diese inneren Drachenkämpfe streng verborgen gehalten, teils aus Scham, teils weil ich ungestört viel besser leide. Ihre japanische Herkunft sorgte für Diskretion: Da ist man noch höflich und fragt nicht nach, wenn einer in der Familie spinnt.

Erst mit dem Haus, mit dem Bastelkeller und dem wunderbar ablenkenden Dauerkrieg mit dem Rasen im Sommer und den Blättern meiner beiden Bäume im Herbst ließen sich die Dämonen allmählich vertreiben, und als dann der Kerzenständer aus Haiti eintraf, war ich so beschäftigt, dass ich keine Zeit mehr für die Ängste hatte. Sie kamen seither auch nie wieder zurück.

In meiner »Staatszeitung« war ich inzwischen Chefredakteur geworden ... das heißt, ich *dachte*, ich wäre Chefredakteur. Denn die Konstellation war ziemlich undurchsichtig: Unser Verleger, der ehemalige Gastwirt aus dem Odenwald, war *wirklich* der Verleger, und es gab auch noch einen Herausgeber, der an sich Chefredakteur war, aber nicht genug Deutsch konnte und sich deshalb »Editor« nannte. Der eigentliche Chefredakteur war jedoch Henry Marx, ein vielseitiger Publizist (und späterer Leiter der jüdischen Wochenzeitung *Aufbau*), doch mochte ihn der Verleger nicht sonderlich, weshalb er dessen Urlaub benutzte, um *mich* zum Chefredakteur zu ernennen. Allerdings nur mündlich. Als Marx wieder zurückkam, traute sich keiner, ihm das zu sagen, sodass wir fortan zwei Chefredakteure waren. Natürlich erfuhr er hintenrum von dem Coup, doch sprach dies keiner von uns beiden jemals offen aus, in der berechtigten Sorge, der wahre Chefredakteur könne vielleicht doch der *andere* sein.

Gleichzeitig hatte ich feste Bande zum österreichischen Konsulat in der vornehmen 69. Straße Ost geknüpft. Der damalige Presseattaché hatte einen Narren an mir gefressen und mich zum »festen freien Mitarbeiter« gemacht: Ich redigierte *Austrian Information* für ihn, ein Info-Blatt, in dem jeden Monat neu bewiesen wurde, wie rückständig und arm Amerika ohne das Wirken von uns Österreichern wäre. Dazu bekam ich eine Abstellkammer im Dachgeschoss des Konsulats als Arbeitsraum, und wenn ich auf meinen Schreibtisch stieg, konnte ich ins Badezimmerfenster auf der gegenüberliegenden Straßenseite schauen. Dort wohnte Jayne Mansfield, ein Busenwunder der sechziger Jahre, doch es lohnte sich nicht wirklich, denn wenn sie aus der Dusche stieg, sah man nur Kopf und Hals.

Aber auch ohne Busenwunder war es ein angenehmer Nebenjob: Ich fraß mich durch diplomatische Empfänge, fuhr einen genervten Helmut Qualtinger einen halben Tag lang durch die Stadt, kam völlig zu Unrecht in den Ruf eines Intimkenners der österreichischen Politik, genoss aber zu Recht das Wohlwollen von Bundeskanzler Josef Klaus, der mich sogar in Privataudienz am Wiener Ballhausplatz empfing, und habe heute noch das Dokument der letzten Amtshandlung von Bundespräsident Adolf Schärf in meinem stolzen Besitz, unterzeichnet an seinem Todestag am 22. Februar 1965: eine Grußbotschaft an meine Zeitung.

Sogar meinen ersten Job später in Deutschland verdankte ich der österreichischen Diplomatie, zumindest die Höhe des Gehalts. Ich hatte damals – als einer meiner tausend Nebenjobs – auch für die Satirezeitschrift *Pardon* geschrieben, als deren Herausgeber Hans Nikel New York besuchte. Natürlich legte ich ihm *meine* Stadt zu Füßen, und als ich ihn in einen der damals in Mode kommenden Esoterik-Tempel schleppte, wo man sich in einer Dunkelkammer nackt auszieht, eine Leinenkutte erhält und dann zu Sitar und Om-Gestöhn ekstatisch tanzt, war er noch mehr beeindruckt als vor ihm der gute Daniel Keel: Allen Ernstes bot er mir an, die Leitung seines Buchverlags in Frankfurt zu übernehmen.

Zum entscheidenden Gespräch lud ich ihn ins Generalkonsulat ein. Aber nicht in meine Dachkammer, sondern – mit Hilfe der eingeweihten Sekretärin – in das Amtszimmer des Konsuls, der gerade auf Dienstreise war. Ich bat ihn auf das samtene Gästesofa, setzte mich an den goldweißen Barock-Schreibtisch und schlug unter dem mütterlichen Blick von Kaiserin Maria Theresia gelassen, fast gelangweilt, mein Gehalt vor: »4000 Mark würden fürs Erste reichen!«

Eingeschüchtert von der Umgebung nickte er, fügte aber vorsichtig hinzu: »Ein so tolles Arbeitszimmer kann ich Ihnen in Frankfurt leider nicht versprechen.« Mit einer lockeren Handbewegung deutete ich an, dass ich über solche Äußerlichkeiten erhaben sei, und dann schlugen wir ein – eine Wahnsinnssumme für das Jahr 1969 und ein Triumph über den als superknausrig bekannten Nikel. Dass der Verlag drei Jahre später Pleite ging, lag aber nicht nur an der Höhe meines Gehalts.

Dieweilen hatte Pressesekretär Zundritsch, mein Gönner, Großes mit mir vor: Ohne mich zu fragen, stellte er in Wien den Antrag, mich in den konsularischen Dienst zu übernehmen, mich zu »verbeamten«. Das war zwar ungewöhnlich, aber auf dem Umweg des Pressedienstes in Ausnahmefällen möglich. Damit wäre ich Diplomat geworden, und bei meiner Begabung bestimmt auch bald Konsul oder Botschafter, und wer weiß, vielleicht auch noch UNO-Generalsekretär wie unser damaliger Konsul Kurt Waldheim, von dessen zwielichtiger NS-Vergangenheit zu diesem Zeitpunkt ja noch keiner von uns was ahnte.

Meinen Zeitungsjob hatte ich bereits gekündigt, als ich zum Konsulat fuhr, um auch dort meinen Abschied anzumelden.

»Gratuliere«, strahlte mir Herr Zundritsch entgegen, »gerade hab ich von Wien Bescheid gekriegt: Sie können bei uns einsteigen!« Zollfreier Einkauf das ganze Jahr, eigener Schalter bei der Passkontrolle, Immunität bei Ladendiebstahl, Hofrat-Titel, Verdienstorden, fette Pension,

Staatsbegräbnis ... Der österreichische Traum rückte in greifbare Nähe. Wie könnte ich das ablehnen?

Ich tat es trotzdem, mein Entschluss war gefasst. Und so kommt es, dass ich heute nicht UNO-Generalsekretär bin. Obwohl ich wüsste, wie's geht. Denn immerhin habe ich von seinem Platz aus, auf der Tribüne der Generalversammlung, eine Rede gehalten. Dank der Hilfe meines einzigartigen Freundes Godehard Wolpers. An unserem sechsten Drehtag.

Schon am Vortag waren wir zur Akkreditierung angetreten, mit Fragebogen, Ausweis und Fotoregistrierung, jeder bekam ein Plastikschild mit Konterfei und Registriernummer um den Hals und ein Bändchen ums Handgelenk zum Durchschreiten privilegierter Seitentüren.

Um sieben Uhr am Morgen des nächsten Tages standen wir am Spalier der Fahnenmasten entlang der Ersten Avenue bereit. Genau um diese Zeit werden die Flaggen der 185 Mitgliedsstaaten gehisst, nachmittags um vier wieder eingezogen. Routiniert, aber mit der ernsten Miene eines Staatsaktes, besorgen dies mehrere Zweier-Teams von UNO-Offizieren, denn das 17 Hektar große Gelände am East River gilt als exterritorial und gehört damit weder zu New York noch zu den Vereinigten Staaten.

Feierlich durfte ich Hand anlegen, als die deutsche Fahne* hochgezogen wurde – übrigens um einiges später

---

* Es gibt das Gerücht, ich wäre per Asylverfahren Deutscher geworden, aber das stimmt nicht: Österreicher zu sein, ist kein anerkannter Asylgrund. Vielmehr habe ich die Staatsbürgerschaft 1990 aus rein praktischen Gründen gewechselt, weil ich damals schon zwanzig Jahre in Deutschland lebte, aber nie wählen durfte. Danach habe ich zwar auch nie gewählt, aber nicht, weil ich nicht durfte, sondern weil ich nicht wollte. Und das macht einen Riesenunterschied, oder?

als die österreichische, denn mein altes Heimatland ist ja schon seit 1955 UNO-Mitglied, Deutschland aber erst seit dem 18. September 1973. Vorher hatten das damalige Westdeutschland und die DDR nur Beobachter-Status, Zaungäste gewissermaßen, auf die wir richtige Weltenbürger zu *meiner* New Yorker Zeit immer ein wenig mitleidig heruntergeblickt hatten.

Nach dem Fahnenakt drehten wir ein bisschen hinter den Kulissen, wo es übrigens genauso schäbig und ernüchternd aussieht wie im Nobelhotel, wenn man die falsche Tür öffnet und die Geheimgänge für Personal und Lieferanten betritt: winzige, überladene Büros, ständiges Gedränge, Stimmengewirr in tausend Sprachen und ein Tagesverbrauch von sechs Tonnen Papier.

Zuletzt betraten wir das Allerheiligste, den Plenarsaal der Vollversammlung. Gerade hatte die zweistündige Sitzungspause begonnen, der Saal war leer, und wir durften uns frei darin bewegen. Ich inspizierte den Platz des deutschen UNO-Botschafters, drückte zur Probeabstimmung auf Knöpfe – grün für »Ja«, rot für »Nein« – und suchte vergeblich unter dem Pult nach Hinweisen auf die Richtung der künftigen deutschen Außenpolitik. Dann schritt ich ans Rednerpult.

Menschen wie ich, die Gefühle verdrängen, tun dies gewöhnlich aus Notwehr: damit sie von ihnen nicht überwältigt werden. Hier, an diesem Rednerpult, an der Schnittstelle von Hoffnung und Elend, die Welt mit den Namenstafeln von 185 Ländern vor den Augen, war diese Abwehr besonders schwer. Auch wenn Stefan, der Kameramann, wieder mal Türrahmen rammte, Stefan, der Tonmann, das Mikro nicht fand und Wolpers im Hintergrund wild gestikulierte, ohne dass ich die geringste Ahnung hatte, was er mir damit sagen wollte. Verzeihen Sie bitte deshalb diesen Anfall von Sentimentalität, er geht gleich vorüber, wir sind ja ohnehin schon fast auf der letzten Seite. Gefühle dieser Art packen mich immer dann, wenn ich mich eigentlich freuen sollte: beim ersten Mal auf einer neuen Bühne, beim neuen Buch, bei einer Preisverleihung oder wenn sonst jemand meint, ich hätte was Besonderes geleistet; oft überfallen sie mich auch ganz unerwartet bei Begegnungen mit der Kunst oder einer besonderen Landschaft, und manchmal kommen sie völlig grundlos wie eben jetzt, beim Gedankenspiel vor dem Rednerpult der Welt: Wie viele Weichen das Leben doch enthält, wie viele Wege, die man hätte gehen können ... und alle münden sie in die große Leere, aus der das Universum besteht.

Vielleicht wäre ich Musiker geworden, ein kühler Theoretiker wahrscheinlich, der seine mangelnde Begabung mit Verbissenheit kaschiert; oder ein intriganter Festspielpräsident, der der Kunst dient, aber immer nur auf Kosten der anderen; vielleicht auch ein typisch österreichischer Autor, der Land und Leute hasst und dafür Staatspreise kassiert; vielleicht ein Diplomat, der vom Botschafterposten in Brasilien träumt, aber Vizekonsul in Burkina Faso wird, oder ein ARD-Korrespondent mit Berufung zum Intendanten, aber dem falschen Parteibuch. Hätte ich das alles wirklich gewollt? War ich nicht erfüllter in den Fantasieberufen meiner Fernsehsendungen, die zwar nur Minuten währten, aber dafür nicht im lebenslangen Frust endeten? Als Spartacus, dem größten Stuntman der Welt. Superstein, Retter der Hausfrau. Als vom Aussterben bedrohte Zwergbrillenratte. Und jetzt als UNO-Generalsekretär ...

Für den New-York-Film wollte ich in der Generalversammlung eine kurze Rede halten. Eigentlich nur drei Wörter, simultan übersetzt in die sechs offiziellen UNO-Sprachen Englisch, Französisch, Spanisch, Arabisch, Russisch und Chinesisch. Die Dolmetscher oben in ihren Kabinen waren eingeweiht und hatten Spaß daran, mitzumachen. Und so trat ich ans Rednerpult, vor die gesamte Menschheit.

»Seid nett zueinander«, sagte ich, und aus dem Lautsprecher drangen die Phoneme gleicher Bedeutung in sechs Sprachen.

Ja, genau das hätte ich auch als *richtiger* Generalsekretär gesagt. Natürlich würde es nichts nützen. Aber wenigstens hätte ich ein tolles Büro ganz oben auf dem UNO-Turm mit gigantischem Blick auf *meine* Stadt.

Herbert Feuerstein

Herbert Feuerstein ist einzigartig!

»*Das Buch ist köstlich. Feuerstein kann schreiben, Feuerstein guckt genau hin. Feuerstein findet das, was er sieht, erbarmungswürdig und dichtet tüchtig dazu. Feuerstein ist Feuerstein, niemand reist wie er, und also ist das Buch über seine Reisen ein einzigartiger Schatz.*«
Elke Heidenreich

Feuersteins Reisen
3-453-40149-2

Feuersteins Ersatzbuch
3-453-40125-5

Feuersteins Drittes
3-453-40150-6

3-453-40125-5